天天向上

老HRD手把手教你做好人力资源

曹　锋◎著

中国铁道出版社
CHINA RAILWAY PUBLISHING HOUSE

图书在版编目（CIP）数据

天天向上 ：老HRD手把手教你做好人力资源 / 曹锋著. —北京：中国铁道出版社，2018.3

ISBN 978-7-113-24113-1

Ⅰ.①天… Ⅱ.①曹… Ⅲ.①企业管理－人力资源管理 Ⅳ.①F272.92

中国版本图书馆CIP数据核字（2017）第318751号

书　　名：天天向上：老HRD手把手教你做好人力资源
作　　者：曹锋　著

策　　划：巨　凤　　　　**读者热线电话：**010-63560056
责任编辑：苏　茜
责任印制：赵星辰　　　　**封面设计：**仙境

出版发行：中国铁道出版社（100054，北京市西城区右安门西街8号）
印　　刷：三河市宏盛印务有限公司
版　　次：2018年3月第1版　2018年3月第1次印刷
开　　本：700mm×1 000mm　1/16　**印张：**17.25　**字数：**229千
书　　号：ISBN 978-7-113-24113-1
定　　价：45.00元

前言

PREFACE

刚参加工作时，我一直认为职场不需要什么技巧，只要踏实肯干，自然能得到想要的结果。不过，这个想法，在见到我的导师后，有所改变。

那是 2001 年年末，我被分配到一分局做财务，指导我的是局里最年轻的总会计师。他年纪并不大，虽然是教师出身，学历也只是毫不起眼的中专，但他的财务专业度以及对整个行业的认知，让我意识到自己欠缺的不仅是专业。

在他的建议下，我先后去采购、运营、后勤等不同的部门轮岗，甚至还管理过几个食堂，这在大单位是非常难得的机会。也是在他的支持下，我兼职做过团委书记、记者、采购、行政、人资等工作，几乎把管理岗位轮了个遍。

这些丰富的经历以及不设限的思维，对我的职业生涯产生了很大的影响：单位需要一专多能的人员负责国外项目，没有人比我更合适；随着在团委、记者、人资、财务方面的发展，到了必须做取舍的阶段；再后来，我选择从财务转型人资，寻求更大的可能，并在 2013 年，第一次接触三茅。

在三茅时间久了，写的文章多了，认识的人有什么职场困惑，都愿意来问我。我总是结合自身的经历答疑解惑。我发现，通用的职场法则过于理论枯燥，大家更乐于接受真实具体的经验分享。

四年多的时间，我一直坚持与大家沟通，保证每周至少一次的分享频率，用自己的经历与经验，成人达己；后来又开设专栏，总点击量 556 万。在这个过程中，我从一个风花雪月的文艺青年，逐渐蜕变为受众人推崇的职场修炼达人，不得不说是一个奇迹。

在沟通中，有这样一类人让我印象深刻：他们一直从事人资管理工作，专业能力无可挑剔，虽努力好学，却依然遭遇了职业发展的瓶颈，尤其是几次求职被拒后，自信心严重受挫。

很多人或许都会遭遇类似“努力的陷阱”：虽然在一个方向上努力奋进，长期积累，但更多的只是简单重复，成长十分有限；随着年龄的增大，这种症结被无限放大，职业生涯甚至因此而停滞。

让每一个努力上进的人都获得职业生涯的成功，是我分享的初衷和动力。职业生涯中，专业技能决定了我们的成就下限，而见识则决定了上限。很多时候，将我们与其他人区别开的，更多的在于眼界、见识等软实力。

经历过职场困惑或正在经历困惑的朋友，都可以在这本书中找到想要的答案并做出适当的调整。如何读懂老板的隐含需求，无障碍沟通；如何与上司配合默契，取得信任和支持；如何激励下属，克服潜伏的非工作阻力……正确地做事，还是做正确的事？本书通过对职场中人力资源专业知识的调理，提炼出更接地气的生存之法与成功之道。

这本书不是职场秀，也不是教科书，并非依照六大模块按部就班地剖析，而是从我们熟知的视角，全方位解读对老板、上司、下属、同事的深度认知；通过自我定位，揭示职场的困惑与融入，晋升与职业规划，跳槽与空降兵生存……让大家在阅读中树立格局，完成职场的突破。

本书 72 个案例绝非虚拟，完全从多年的解答中精心筛选，通过针对性的剖析，增强代入感，让你发现意料之外的角度和思维：老板的显性与隐性需求，视觉型与感觉型的区别；信任源与重组信任的重要性；巴普洛夫的激励模式……在瞬息万变的职场，有能力不一定晋升，高情商也未必得到赏识，忠诚、敬业等职场软实力，却在不经意间升华为人生的硬道理。

在本书的写作过程中，得到好友赵秀荣的悉心指导和大力支持，在此表示诚挚的谢意。

目　录

CONTENTS

第 1 章

不懂老板，怎么在职场立足

读懂老板，不是逢迎，而是一种洞见与睿智。老板的欣赏来自无条件的信任，而信任源于日积月累的认可与沟通。很多时候，按部就班地服从相对容易，潜移默化地影响却很难。跟对老板，找到自己喜欢的气场，你已经成功了一半。

1.1 别告诉我，你懂老板

入职初期，公司没有任何制度，老板口头上说重视，实际上只在出了问题才表现出着急的样子，其余时间他总说自己很忙没空。最后见不到效果，就冲我一句话：你不作为。更郁闷的是：我制定的制度，一直无法落地，连简单的休假条例都推行不下去。

请问：老板要求制定制度，却不大力支持，怎么办？制度下发后，员工不遵守怎么办？老板交待的任务，到底该如何跟踪落地？

有人把“老板”归结为三个层次：一等老板做人；二等老板做事；三等老板做人又做事。其实从一个侧面反映出：不同阶段，不同境界下，老板的工作重心是不一样的。

1.1.1 老板的表面需求与隐含需求

企业是一个多彩的万花筒，每个人都在扮演不同的角色。如果不了解老板的需求，一味埋头苦干，只会事倍功半，甚至南辕北辙。

你懂老板？或者换种说法，你了解老板的需求？

表面需求与隐含需求，构成老板需求的两个面。很多职场新人，只看见老板的表面需求，却忽略了其隐含需求。

老板聘请你，是为了提高效率，向结果要利润。工作中，是否真正了解老板的隐含需求，关系到方案的契合度以及得到认可和支持的力度，长远来讲，甚至影响你的职业规划和发展。

制度无法落地，从表面看，老板不支持，间接造成你不作为的事实；本质原因，是缺乏对老板需求的全面了解。

老板会告诉你，需要建立各种制度，但不会说，需要一个能匹配企业现状的制度；需要这个制度达到高效管理的目的；甚至希望通过制度建设，推动整个企业氛围的改变……

虽然只是一个制度建设，很显然你没有读懂老板的隐含需求。这无形中增加了老板的决策难度，导致政策朝令夕改，给工作带来更大不确定性。

作为职场新人，千万不要被老板的表面需求左右，陷入头疼医头的忙乱。我们需要不断反思：老板的“完整需求”到底是什么？

老板要求制度建设，但他不可能告诉你如何建设，如何落地……这样的细节老板很少过问，他只需要一个结果。

从这个层面讲，好的老板一定是严厉苛刻的。对自己宠溺的只会是父母，而不可能是企业，更不可能是老板。

1.1.2　影响老板的四个阶段

出现需求错位，我们不能停留在抱怨层面，而应该深挖需求，用积极的行动影响老板。大致可分为四个阶段：

阶段一：目标一致

作为人资，必须让老板意识到，他的一言一行，从各渠道传递的信息，与整个公司的目标，都存在密不可分的联系。

阶段二：言行一致

老板必须言行一致，如果不一致，会造成什么后果，必须与老板沟通到位，让其对自身行为有一个全面认识。

阶段三：风格一致

老板的沟通方式应力求直接、坦诚，尽量鼓励员工发表意见。如果出现工作停滞的状况，你有义务与老板面对面地沟通，让其了解目前的症结所在。

阶段四：角色一致

老板是一个公司的最高沟通主管，也是主要事务的发言人，无论对内或对外的沟通，都不能假手他人。

1.1.3 老板需求的三个要点

影响老板，必须学会自我反省，保持与老板同样的节奏。想更深入地理解老板的“完整需求”，必须注意以下三个要点：

要点一：对行业的了解

每个行业都有其独特的一面，如果不了解行业特点，为定制度而定制度，如何落地，如何得到员工认可，以及老板的欣赏和重视？

HR 要体现价值，必然上承战略，下接业务。只有深入一线，了解具体业务的运作模式，才能基于落地公司战略、满足业务需求，去思考制度建设及其他，避免脱离业务目标，一味地埋头制度建设。

在了解业务的基础上，HR 才能更快地树立自身优势，准确定位，从而真正融入一线团队，了解公司的主营业务和实际需求，制定出一系列符合业务需求的制度、流程及管理方式。

要点二：了解老板迫切的需求

制度中经常有很多不空行不分段的文字，坦诚来讲，我根本看不进去。而那些有空行有序号列表的长文，我很容易找到重点，从而引起共鸣。为什么？

这其实是一个认知负载问题。很多 HR 初入新公司，直接修改制度，薪酬，绩效，考勤，诸如此类。以休假条例来讲，你是否考虑到行业因素？对一个行业缺乏最基本的了解，很容易导致制度不能落地，最终束之高阁。

很多隐含需求老板不会主动提出，你必须学会站在老板的角度考虑问题。学会了解老板的隐含需求，解燃眉之急，站稳脚跟后，再开始完善一些基础制度。

要点三：明确公司的发展阶段

企业发展阶段不同，老板的需求也大不相同。不去深入调研，而是模式复制，谈什么匹配？

创业初期老板最看重的是什么？应该是业务发展！因为企业只有活下来谈其他才有意义。作为人资，在业务方面，你能体现多少价值？

很多问题表面上是老板的错，其实最终错在自己。老板的容忍是有限度、有成本的。老板永远不会放弃对利润的追逐，如果你不合用随时可能被调换。

作为 HR，我们必须学会从自身寻找问题的根源，并愿意去了解老板的“完整需求”，如从计划与执行入手，逐步过渡到指导与授权，最终升级到战略制定与组织管理。

1.2　老板赏识，等于成功了一半

作为下属，总希望得到老板的另眼相看。有人说应该配合好老板的工作；有人说必须将自己的能力恰当地发挥出来；有人说优异的业绩是最好保障……我们应该做什么、怎么做，才能在圆满做好工作的同时，得到老板的赏识，真正成为老板所需要的人？

老板的概念正被不断延伸，老板不再局限于资本所有者或代言人。在我待过的国企，分公司的负责人往往被称为老板，而总部的负责人则被称为大老板；很多外企，甚至会把部门经理或总监称为老板。有人说，老板是拍板的人，是叫板的人，是板着脸的人，真是很有趣的定义。

人才管理专家曾双喜这样给老板分类：“生意型老板把企业当奴隶养；生活型老板把企业当情人养；投资型老板把企业当猪养；社会型老板把企业当朋友养；创业型老板把企业当女儿养；事业型老板把企业当老婆养……”

老板类型、文化背景、教育程度和经历等都不尽相同，导致老板在处事标准及方法上有巨大差异。无论哪类老板，我们都必须学会与其相处，了解其核心需求，让其重视自己，从而成为老板的左右手。

1.2.1 为什么需要老板的赏识

记得一次周例会上，老板面对全体中高层一再强调：提问题，请带着解决方案；管理层必须具备良好的沟通与协调能力，如果因沟通不畅出现矛盾，证明你已经不再适合这个岗位；良好的时间观念，工作需要预见性，马后炮是没任何意义的。

从老板的谈话中我们可以把握到其“完整需求”：老板需要解决问题的员工，拒绝浮夸；老板需要具备一定沟通管理技巧的中层；老板喜欢有时间管理意识、执行力强的员工。

美国人力资源管理学家科尔曼曾说过：“职员能否得到提升，很大程度不在于是否努力，而在于老板对你的赏识程度。”可见，老板的赏识是激发员工潜能的最佳方式。

此外，被老板赏识还有很多显而易见的优势：容易介入核心管理层，发展空间更大；工作环境更顺畅，地位尊崇，可以更好地体现自身价值……

1.2.2 哪种人更容易被老板赏识

一般来讲，被赏识者一定具备某方面突出的能力，但能力强不一定被赏识；被赏识者情商高、悟性好，但反应快不一定被赏识；被赏识者有良好的表达沟通能力，但能言善辩不一定被赏识……

总而言之，被赏识者身上一定具有老板非常欣赏和需要的特质，如忠诚、敬业等容易与老板产生共鸣和神奇化学反应的元素。

1.2.3 如何得到老板的赏识

想要得到老板的赏识，成为其左膀右臂，不是口头表表忠心就可以。专业能力、管理能力以及良好的职业素养，是不可或缺的基础条件，但仅有这些还远远不够。

我们还必须了解老板的工作风格、个性特征以及真实需求，善于读懂老板的潜台词。只有从老板的角度出发，合理定位，才能被某一类适合自己的老板赏识。具体可分为以下四个步骤：

步骤一：读懂老板的真正意图

只问耕耘不问收获的传统做法无疑是失败的，很多时候选择做正确的事比正确地做事更重要。如果方向错了，意味着越努力可能距离结果越远。

很多时候，老板不会直接阐述自己内心的想法，他会用关心员工的方式来表达对某项工作的重视。这时候，按部就班地努力工作之外，必须积极地向老板汇报进度节点。如果你忽略类似的信号，很可能导致用力方向与老板的预期产生偏差。

只有了解老板的真实需求，掌握老板的偏好，才能在工作中长袖善舞左右逢源，通过一个个小事件的积累，逐步赢得老板的信任与好感。

步骤二：换位思考拉近距离

老板与下属，像正负两极，对同一事件的认知可能存在巨大的差异。如果我们一味地从自己的角度出发，很容易产生一叶障目的苦恼：为什么老板这么固执！

作为老板，自然有不可取代的优势，你必须明白，或许你的优点很多，但优点并不等于优势。我们不要仗着自己的优点和老板讲大道理，几乎所有的老板都认为他的出发点是对的。因此，在很多员工眼里，老板都固执得难以沟通。

遇到老板不理解，千万不要没完没了地抱怨，我们不妨试着换位思考，保持与老板同频的节奏。在沟通方式、角度以及态度上多下功夫，从而去了解、理解、挖掘老板的隐含需求，用合理的建议打消他的后顾之忧。

有效的沟通能拉近你与老板的距离，达到自己预期的目的。

步骤三：自身的定位与意愿

不想成为将军的士兵不是好士兵，但不是每一棵小树苗都能成长为参天大树。道理人人都懂，却当局者迷。

因此，我有必要告诉你：不是任何员工都可以成为老板的左膀右臂，得到老板的赏识。这时候，给自身一个合理的定位显得很有必要。

一些岗位，有成为左膀右臂的天然优势，如财务、销售等；一些岗位有难以弥补的劣势，如物资、行政等；也有一些岗位模棱两可，如人资。

如果很不幸，你处于先天不足的岗位，不必强求，明确自身的优势和不足，合理定位，才能抓住可能一闪而过的机遇。

步骤四：心态的重要性

成为左膀右臂，得到老板的赏识，不仅有角度的区别，岗位的区别，更有心态的区别。对于成为领导左膀右臂这件事，有人无动于衷，有人随遇而安，有人患得患失……不同的心态产生不同的表现，不同的表现导致不同的结果，不同的结果会带来不同的影响。

老板总是“喜新厌旧”的。当你的成长跟不上老板的节奏，甚至躺在功劳簿上不思进取，倚老卖老时，或许，正是最危险的时刻。没有永远的朋友，只有永恒的利益。那些随着老板事业发展不断进步的人，才真正具有不可替代性。

你必须明白：即使足够了解老板，善于换位思考，对自身有合理的定位，拥有良好的心态……也不足以保证得到老板的赏识。做好以上这些，只是增大了被老板赏识的概率。

对于一名员工来说，最大的苦恼莫过于努力工作却得不到老板的赏识。在我看来，老板与员工的关系，不应该只局限于赏识与被赏识，还可以是相互成就。

曾经有一个朋友，在老板资金周转困难时，毅然地拿出自己的全部积蓄。你可以说他傻，也可以为他点赞。如果换作是你，关键时刻，你会坚定地支持老板吗；在一些利益面前，你将如何考虑得失……其实，你对老板的认可程度，正潜移默化地影响着你的一言一行，最终影响到你在老板心目中的重要程度。

1.3　与老板产生分歧后

我们是一家中小型企业，现在遇到瓶颈，想扩大公司业务。在这方面我和老板一直存在分歧，我的主张是多招销售人员，优胜劣汰；老板是技术专业出身，做事非常严谨，更多地考虑公司的信誉和客户的感受，对销售要求以稳为主。你应该怎样来说服老板，并注意哪些方面，才能招聘到合适的销售人员？

个人的成功离不开老板的赏识，如果在用人理念等方面与老板产生分歧，又该何去何从？

1.3.1　分歧背后的原因

很多时候，我们习惯站在自己的角度给分歧一个或对或错的定论，这很容易让彼此陷入争斗的困境。其实，分歧只是老板与员工在观点或利益差异化方面的表现。员工应该服从老板的指令，但不意味着在分歧面前言听计从。

我们必须明白一个道理：不同意老板的意见总是危险的！一般情况下，老板总有他独特的优势：资历深，经验足，人际关系广……如果我们只是一味地迫使老板让步、妥协，绝对不是上策。老板可能坚持己见，大发雷霆，甚至我们可能有被弃用的风险。这样的结局，谁是真正的赢家？

如果老板坚持某一个心血来潮的想法，而我们为了减少争论或被弃用的风险，选择保留自己的意见。毫无疑问，这样的我们很难成为一名有价值的员工。

分歧是一把双刃剑，用好了容易获得老板的青睐，否则伤人伤己。面对分歧，我们必须有“冲突管理”的能力。一道题，可能会有三五种解法，为什么一个问题，不可以有多种解决方案？

我们应该避免将重心放在谁对谁错上，可以尝试在认同双方利益的基础上，站在对方的立场去理解彼此的意图。分歧最完美的结局不是分清谁对谁错，也不是无奈的妥协或让步，而是一种利益的全新整合。

1.3.2　分歧背后的结果

任何道理都存在于特定条件下，有相对性，用人理念也是如此。我们一般只是根据自我认知去评判未知的事物。作为一家中小型企业，遭遇业务发展瓶颈。目前的分歧在于老板与员工的用人理念不同：老板要稳，要企业形象；你要量，要优胜劣汰。

我们在容忍分歧、接纳新思维后会发现：用人理念的不同，折射出经营理念的差异。老板的经营理念是长远，而非当下；你的出发点是短期利益的获取。看上去矛盾似乎不可避免，果真如此吗？

许多事情并不是简单地以对错来区分，都是在利弊权衡以后的综合考虑。我们可以适当地反问，找到与老板的共鸣点。

为什么要说服老板？从出发点讲，你想扩大公司业务范围，让销售额有一个大的提升，让公司取得更大发展……这是好意，更是好事，必须让老板清楚了解你的想法。

如果我们更深一层地接纳分歧，通过分析分歧背后的最终缘由，如果结果是我们想要的，那分歧就不是分歧；如果结果不是我们想要的，那分歧也不是分歧。

凡事最忌人云亦云。很多事，别人做得很好，不代表你一定能做好。在保险行业里，有人就有江湖，为什么？你可以通过深度调查拿出数据：保险公司的业务员门槛低，短期培训就可上岗；保险受众面广，人多但覆盖面有差异……再拿保险公司的特点和你们公司的业务特点对比，如果你发现影响因素几乎完全相同，你的方案应该是有很大的可行性；如果没有多少可比性，你坚持的理由是什么？

老板的顾虑也不无道理：频繁更换销售人员，会影响企业形象。面对老板的担忧，你有什么好的解决策略；如何有效保证销售人员的稳定；如何塑造企业良好的形象……如果缺乏合理有效的解决方案，说服老板的难度之大可想而知。

我们必须意识到，很多分歧并非水火不容、非此即彼。我们可以换一种思维，在销售部，是否可以设置“销售内勤”岗位。这个岗位对内整理客户信息，对外联络客户，相当于对销售的功能进行了分流。这样内外兼顾的方案，既满足了老板的需求，又对企业的销售有很大的促进。

很多时候，与老板产生分歧并不可怕。通过合理的思维碰撞，分歧不再是合作的绊脚石，而成为创新的源泉。

1.3.3　如何面对分歧

与老板沟通，不一定非此即彼。成年人的世界没有永恒的错对，一切都是利益为王。其实你和老板最大的分歧，在于利益实现周期的接受程度不同。到底是稳中求进，通过企业的信誉、品牌，最终达到利益最大化；还是采用人海战术、优胜略汰，快速抢占市场份额，从而实现利益最大化。

有时候，老板会扮演这样的角色：在你想狂踩油门时，他要担负起踩刹车的责任。或许在不同阶段采取不同策略，更适合公司现状。你需要通过各种数据分析，让老板直观地感受到不同方案的优缺点。这不是简单的说服，而是一起选择最优方案。

面对分歧，我们不能停留在讨论谁对谁错的阶段。我们必须清楚，等分歧尘埃落定后，下一步一定是如何落地。我们可以在阐述自己想法时，将如何落地作为一个重点。可能我们的话题会顺利转移到如何快速招聘到销售人员上。

是否招聘是观点分歧，如何招聘则是专业特长。这时候你可以告诉老板，常用的途径有三个：（1）从相关专业中挑选适合销售的新人进行培养；（2）招聘对行业感兴趣的销售人员，恶补专业知识；（3）挖同行业的销售人员，这个见效快，但稳定性差。

实践是检验真理的唯一标准，很多事情在结果未定前很难说谁对谁错。与老板产生分歧时，我们必须保持足够的理智，避免逞口舌之利，针锋相对地争论，因为你坚持的，未必是正确的。不如换一种思维，从利益角度出发，通过客观的数据，证明哪种方案更容易达成利益最大化。唯有这样，我们才有资格成为老板眼中有价值的员工。

1.4　我是这样影响老板的

如何影响老板而不被老板影响，是一个很有趣的话题。它成功地点出了平时隐藏在冰山之下，被我们遗忘而又真实存在的一些现象：为什么同一个要求，不同的方式提出来，可能会从抗拒变为积极配合；为什么同一个人，第一个要求被拒绝后，第二个往往更容易得到认可；为什么同样的商品，高价比低价更容易带给我们信任……

不是所有的老板都睿智而富有远见。事实上，有的老板刚愎自用，有时也会决策失误……如果你的工作老板不熟悉，却又关系重大，倍受重视，就必须学会向上管理，积极地去影响老板，而不是一味地依赖或抱怨老板。

作为一名员工，得到老板的赏识，拥有一定的话语权，是让工作卓有成效的关键。那么，我们到底该如何影响老板？

1.4.1 影响老板的前提

在谈如何影响老板之前，我认为有一个必要前提：建立信任关系，包括老板对你的工作能力、人品的信任，以及我们对老板无条件的支持。可以说，影响的第一步，是努力培养相互之间的信任度。

进入这家公司，缘于老板无与伦比的个人魅力。在他的刻意营造下，公司的一切看上去都很美。

第一次参加公司例会，我毫不掩饰自己的惊讶：竟然这么多的中层！会后，老板提出他的第一个要求：汇报工作的人数，短期内减少到五位。

从六十多位中层管理中选五个代言人，这远比百里挑一的选美艰难！花名册、各种档案、考核数据等被我翻了不下百遍，名单依然无法确定。论资历，青壮派肯定不会答应；按能力，谁又比谁能强多少；退一万步讲，即使名单确定，能否得到老板的认可，还是两说。

从闭门造车的状态逃离出来，与一些资深员工闲聊，每天坚持明察暗访……让我对公司的发展史有了更直观的认知，对老板的处事风格也多了几分了解。

1.4.2 老板类型与沟通方式

从初步的印象和同事的描述中，我将老板定义为视觉型，喜欢变化，注重节奏。而我更偏于感觉型，语速慢，动作少……

拟定方案时我的思维并没有被现有名单束缚，而是将公司架构打破重建，划分为五大类别，每个类别任命一位分管负责人。同时明确其胜任资格，可内部竞聘，也可外部招聘。

视觉型的人往往没耐心听，也没时间看，因此我的方案以图表为主，配以不同的色彩，果然成功地引起老板的兴趣。

沟通过程中，我刻意拉近视觉型与感觉型的距离，尽量少讲大道理，用“你怎么看”替代“我觉得应该如何”，使沟通始终保持一个良好氛围。

这个方案显然有点儿出乎老板的意料，好在我功课做得比较足，让老板有继续听下去的欲望，并不时提出自己的困惑。

“为什么看不到具体名单？”视觉型的老板果然开门见山。

“我的思路是先明确胜任资格，后设计竞聘方案，让真正有能力有想法的人主动走进我们的视野……如果内部人员不能满足需求，再考虑启动外部招聘。”

“这样会不会引起中层人员之间的矛盾？”

“竞聘，更多的是激励，但也不排除个别人为了成功不择手段，甚至接受不了失败而选择离开。一分为二来看，短期内可能会造成一定动荡，但从长期看，这是一次人员的优化重组，是我们公司发展必须经历的过程。”

老板没说什么，只是点点头，示意我继续。

“这次表面上是选五个工作汇报人，其实更是一次组织架构的重建。如果实施到位，将在很大程度上终结我们公司沟通混乱的局面，越级、越权等不良现象将得到极大的改善……”

面对视觉型的老板，我有意识地减少空泛的大道理，多列举一些很现实的例子，最终方案得到老板的肯定和全力支持！

1.4.3　影响老板，一场有预谋的持久战

老板们常说，公司只有两种人：一种是挣钱的，一种是省钱的。

可以预见，作为管理角色的 HR，与业务部门相比，老板看待的心态截然不同。营销与老板谈的是如何赚钱，HR 更多谈如何花钱，常常没说

几句，老板已经开始头疼，这是心理上的天然障碍。

影响老板，绝对是一场有预谋的持久战。任何一个细节考虑不到，都可能功败垂成。作为老板，每个人都有其独特的优势与强烈的自信，影响老板，比说服一个下属艰难得多。有时候甚至有这样的感觉：与老板的每一次交锋，都像在悬崖上跳舞，随时有跌入深渊的可能。

1.4.4 最合适的方式最有效

影响老板很难，但常言说，办法总比困难多。关于如何影响老板，只有循序渐进，才能水到渠成。

与其站在对立面去说服老板，不如换位思考，建立双赢模式，否则很容易走向另一个极端。如组织架构调整，很多老板都特别慎重，我们必须对困难有足够的心理预估，尤其要注意考虑问题的立场是否与企业、老板的利益一致。

先老板之忧而忧，后老板之乐而乐，以老板的喜好作为自己的最高行为准则。不同的老板管理风格迥异：有的喜欢足够的尊重；有的偏重可信度；有的习惯开门见山；有的需要你坚持甚至是强势……正是满足了视觉型老板喜欢变化、注重节奏的特点，用老板舒服的方式沟通，才有了后来更深入的交谈。

最合适的方式，可以事半功倍，增强老板的信任，让后面的阐述变得更容易打动人。时间、环境和氛围，都是沟通的重要因素。对于视觉型老板，有时候文字比语言更重要。如何快速抓住老板的心，是我们不得不考虑的问题。

罗马不是一天建成的，我们必须持续地释放自己的能量，才可能将影响力转化为实实在在的推动力。这时候，要讲究适度。再开明的老板，一件事情一天之内也不要找他说两次以上。心态再好的人，一天之内态度也不可能有很大的转变。

不同的人，在老板心目中的定位是不一样的。因此，发表意见的时候，我们首先要估量自己在老板心目中的位置，掌握好分寸。另外不建议临时抱佛脚，我们必须清楚地了解老板的期望值，明确自身的优势！

在老板面前，语言是单薄的，信任也不一定长久。我们唯有从思维入手，放低姿态，甚至放弃自我，以利益为纽带，促进更深层的了解和沟通，才能增强相互之间的影响程度。

1.5　这样的老板值得跟随

来公司两年多，我一直独自负责行政、人事、员工活动等工作。去年老板开展了连锁餐厅业务，餐厅方面的很多工作也落在了我的肩上。现在随着连锁业务越做越大，占用我原来工作内容的比例也越来越大。老板的潜意识里就是你只需完成下达的任务，能节省成本就节省。面对这样的老板，请问我该何去何从？

穷人之所以是穷人，不是因为缺钱，给他钱，他也会坐吃山空，依然是穷人；忙碌的人之所以忙碌，不是因为工作量太大，也不是缺时间，你即使减少工作量，给他时间，他依然会很忙。

1.5.1　你并没有想象中完美

我们的付出与老板的要求之间，差距究竟在哪里？时间，还是有效的办法；目标，还是长远的眼光；或者一点小小的野心？

经常有人抱怨“加量不加价”的窘境，再这样下去我可能要离职了……我会问他，潜意识里你是否习惯把责任推给别人，更希望处于一种从属的位置？

一般情况下，他们会毫不犹豫地否认。不过我发现，他们在抱怨工作量大的时候，恰好是招聘难，或外联陷入瓶颈的时候……他们的内心，往往比较焦虑、烦躁，整个人像个炸药包，一点就燃！

事实上，当手头的事多到超出我们预期时，我们就会有一种崩溃感，不知从何入手。做招聘的时候，想着员工关系，又惦记着培训……结果什么工作都没做到位。

对于抱怨工作量大的人，我很少痛批，而是陪他们一起抱怨。期间，会有意无意地穿插几个小问题：你的打字速度每分钟多少个；你的基础办公技能是否熟练；你的时间管理是否到位……

所有的回答几乎都底气不足。很多人习惯拼音打字，远谈不上速度；很多人连 Excel 公式都不懂，更谈不上熟练；时间管理，对不起，还没那个意识……事实上，我们远没有想象的那么完美，成长的空间依然很大。

1.5.2　不断超越老板的期望

在职场中，工作都达到老板的要求，只能说称职或合格。想给老板留下深刻的印象，必须足够优秀，甚至超出老板的预期。

在职业生涯初期，你会选择一张报纸一杯茶的清闲，还是昏天黑地的忙碌？六十余人的小企业，一个人负责行政人事，我认为绰绰有余。你的抵触更多的来自于心态！

为什么那些本该不属于自己职责的工作，怎么都安排到我头上？要解决这个问题，我认为最大的关键在于：如何化被动为主动！

身兼数职的事情，我相信很多人都经历过，我也不例外。当时也抱怨过老板，都快累成“狗”了，怎么还不招人啊？

我只能不断地加快工作节奏，甚至一心多用。后来发现这样更忙乱了，因为精力不集中，判断更容易出错；主次不分，反而加剧了拖延。

有一次，看到一个视频访谈，有人问洛克菲勒：“你是如何完成如此多的工作的？”他回答说：“我在特定的时间内只集中精力做一件事，而且我会尽最大努力去做好它。”

这让我想起纽约中央火车站那个传奇的问询员说过的一段话：“我并没有和公众打交道，我只是单纯处理一位旅客。忙完一位，才换下一位。在一整天之中，我一次只服务一位旅客。”

我很受启发！在与老板的沟通中，我减少了盲目，而是尝试对所有的工作都进行预判：哪些重点又紧急，哪些雷声大雨点小，哪些可能无疾而终……虽然手头的工作很多，但我让自己始终处于单一任务模式中。

将自己的心力集中于一点，这样做的好处显而易见：不仅提高了工作效率，而且做事的质量也明显提高，并能从工作中体会到更多乐趣。下属不再抱怨无意义的付出，跨部门的协作更高效，老板也表示相当满意！

1.5.3　职业生涯初期，努力还是效率

人人都想有一个好的职业前景，这无可厚非。但是，我们必须清楚：没有经历复杂洗礼的简单是幼稚；没有经历磨砺的成功叫运气……职业生涯初期，没有很强的专业性，没有资深的阅历，我们用什么赢得老板的赏识？

老板是看得最透的人，年轻人唯一的优势是时间，所以他会安排很多工作给你。我们都想有效率地工作，用更少的时间达到最好的效果。但这样"双高"的人少之又少，更多的人只能耗费时间、精力和体力来累积经验。

我觉得你并不是单纯地抱怨工作量大，而是自认为无意义的工作无法摆脱。因此，努力工作，并且从中找到对自己的意义，非常重要，而且愈早做到愈好。

其实我不确定你是否有自己的职业规划或短期的目标。如果你只是把这份工作看成养家糊口的等价交换，拿同样的薪水，做更多的事，显然是不划算的，谁不想钱多事少离家近啊。

因此，在讨论工作量太大如何处理之前，我们应该先清晰自己的目标。三至五年内要成为什么样的人？未来想取得什么样的成就？是否需要加倍付出？

1.5.4　关于去留

当我们有明确的目标时，我们很容易在体力和压力负担的范围内，去做取舍。因为每一份额外的付出，都是前进道路上的基石。付出越多，我们才可能走的越远。

如果目标不清晰，我们会心态失衡，会患得患失：为什么工作量越来越多；凭什么这个工作派给我；为什么别人总那么清闲……

工作量的多少只是一个相对的概念，人的区别在于同一环境下所具有的生活习惯、思维模式、以及坚持的程度。从平庸走向优秀，中间有太多的因素和环节，如果你没有将整个过程走完，你很难真正触摸到优秀的本质。即使将你放到一个高层的岗位上，你也无法胜任。

关于老板，我们有一系列自己的标准：言行一致，重视承诺；关心员工发展，奖罚分明；有坚定的奋斗目标……这样的老板无疑是值得跟随的。但是，这样的老板也是稀缺的，是可遇而不可求的。

其实，再讨厌的老板也有值得学习和借鉴的地方。有的老板严谨苛刻，甚至直接布置一大堆工作，对你的抗议却不管不问。中国有句古话叫“因祸得福”，老板对你无休止的要求，反而给了你旁人难以企及的学习和实践机会，迫使你不断地加速成长。这样的老板难道不值得跟随？

第2章

与领导相处，没想象中那么难

人在职场，和谐的上下级关系可谓重中之重。作为下属，如果失去领导的信任，即使才华横溢，也可能遭遇职场黑哨，甚至失去利用价值。想做职场赢家，必须掌握领导的相处之道，让领导成为你的业务教练、职场导师、良师益友，成为职业生涯中最重要的人。

2.1 让信任成为最好的通行证

我在县城一家企业做人事助理，大部分同事都是“关系户”。公司存在管理混乱、职责不清，遇事相互推脱、不作为等现象。

最近，空降了一位人事行政副总，据说是政府部门退休人员。工作中，只要涉及到钱财或者决策性事情向他请示，他都让我直接跟他的上级请示。当我去向他的上级请示时，又会被骂回来，说我越级上报。遇到这种情况，我该怎么办？

信任，可以让复杂问题简单化，不仅能够有效降低组织内部的管理成本，更能极大促成组织成员的互助合作，让职场中的沟通简洁而高效。

2.1.1 职场中的人际网

职场中很多困惑与纠结，都是信任缺乏的表象。直接上级不作为，主管领导不理解，让工作陷入进退两难的窘境。

如何找到一条出路，将我们从死循环中解救出来？

作为空降的人事行政副总，又在政府机关工作多年，面对内部管理的混乱局面、陌生的上下级关系，会十分谨慎。

我们经常感慨，民企的“关系户”太多，让人无所适从。

国企或政府部门的关系，却是另外一种形式，平时看似不显山露水，却处处暗流涌动，叫人防不胜防。长期处于这样的环境，保持足够的谨慎逐渐成为一种习惯，一种生存的本能。

即使退休，也没人愿意把一世清誉葬送在最后一班岗。因此，站在这位副总的位置换位思考，在对企业的人和事了解不全面、不深入的情况下，这样的举动也无可厚非。

2.1.2　信任是协作的前提

假设公司制度流程健全，按流程走似乎是最好的选择。如果领导坚持只审批不签字，为难的还是你；如果压根没有制度流程，想要重建，难度之大，绝不在一个助理的能力范畴。

我们可以尝试换种思维方式：放弃制度、流程等束缚，从人性出发。我们会发现，问题的根本不在于制度流程，也与越级无关，关键在于是否赢得上级的信任。

信任，无论对组织还是个人而言，都是至关重要的必要条件。上下级关系本质上也是一种合作。没有安全感，不会有信任；没有信任，则缺乏合作的基础。这也不难理解为什么会出现推脱、不作为等现象了。

2.1.3　如何赢得上司信任

对上级而言，由于所处的地位、说话的分量与影响力不同，加上适当地给出决策性意见，或给予下属方向性的帮助……很容易营造良好信任感。

对下属而言，如何取得上级信任，难度似乎要大很多。

我们可以定位自己在企业中的位置，明确工作职责、工作目标、工作要求……这些是最基本的，同样也最关键。工作过程中，让副总清楚你在做什么，清楚这些工作对他的重要性。

作为助理，认清所处位置很重要，如果不能改变，只能适应。一旦你觉得痛苦，说明你还有提升的空间。职场不需要意气用事，在允许的权限内，把事情做好，有一个融洽的上下级关系，是我们的职场目标之一。

合理的定位有助于保持良好的心态，更容易发现上级的优点和优势，也能获得更多成长机会：如果是优势，我们吸收；如果是抱怨，我们屏蔽；如果是指责，我们反思……

2.1.4 建立信任匹配，产生良性循环

做事如做人，真诚方能取得信任。作为下属，在不违反原则的前提下，尽可能设身处地地为上级考虑。

拒绝签批有关费用文件的原因，需要逐条去分析：是习惯性谨慎，还是权限不足？只有站在副总的位置考虑，才能找到问题产生的根源。

职场毕竟不是象牙塔，不能一味地理想化。副总不签，上级不签，作为助理的你，该背的黑锅一定要背，该反馈的一定要反馈。当然，如何反馈，技巧很重要。

从信任匹配角度来看，你做的任何回应动作，必须与当前副总对你的信任匹配。如果不匹配，他没理由去回应你；如果匹配超出预期，则会百分百地响应。

2.1.5 信任源的重要性

过硬的专业知识，是立足之本。在专业支撑下，副总需要时，我们才能随时献计献策，证明自身价值。

你的专业，副总认可程度越高，越容易产生信任效应。

试想一下，关于法律，我们信任律师还是厨师；股市行情，证券交易所经纪人与路人甲，谁的可信度较高；关于病情的判断，医生与家属，谁更权威……可见，一旦对信息源的专长产生信任，常常会产生“以假乱真”的影响力。

当然，专业度只是信任效应产生的前提条件。在日常工作中，我们要避免这样一种现象：能力不足，野心不小，抱怨多于实干……这样的下属，是否值得信任？

2.1.6 重建信任，为时不晚

与上司产生分歧与隔阂，让建立信任，难上加难。

这时候我们必须反复沟通：与同事沟通，与上级沟通，与老板沟通，与各职能部门沟通……我们最终目的是重建信任。

沟通，是重建信任的桥梁。

通过沟通，可以深入了解副总对你的看法；通过沟通，可以更好展现你的能力和忠诚；通过沟通，可以认识和学习副总优秀的一面，不断提高自己。

事情的解决，矛盾的调和，都离不开沟通。沟通到位，可以大事化小小事化了。以费用签批为例，通过沟通，我们可以让副总加速了解公司现状及工作流程，了解到费用报销的操作模式……最终使他相信：签字这件事，没任何风险。

上下级的信任关系值得我们持久关注和维护，一定不要等信任关系破裂时才引起重视。信任重建，是一个费时费力的漫长过程，我们必须尽职尽责，从每一件小事做起，注重沟通与反馈，才能打造良好的上下级信任关系。

2.2　别人的守护神

公司研发部的领导总是不按制度办事，喜欢纵容下属。他的下属，总是问题不断，每次他都以各种借口为下属开脱，而其他部门都赏罚分明。长此以往，别的部门会不会觉得不公平，影响到人资工作的正常开展？请教各位，遇到这样的部门领导，该怎么办？

邹善童说：“好领导要为人师、为人长、为人至亲。”

闫铁轶说：“好领导是一面镜子，可以明得失。”

什么是好领导？或许一千个人眼里会有一千个哈姆雷特。好领导是教练，是裁判，是决策者，是指挥家……

在我看来，好领导还可以是守护神！在你遭到非议时，他会力排众议，选择相信而不是放弃！

2.2.1　“守护神”的四个特征

年少时遇到一个好老师，上班时遇到一个好领导，结婚时遇到一个好配偶……可谓是人生三大幸事。初入职场，你希望遇到哪种类型的领导？

其实，很多人的内心都希望遇见自己的守护神，在受到委屈时，他能挺身而出，宁愿牺牲自我也要保全下属。

这样的领导，不是偏心眼，不是包庇纵容，更不是小团体主义，而是一种呵护和激励，包容与鞭策，是荣辱与共的团队精神！

“守护神”辨识度很高，有非常鲜明的特征：

- 人际关系处理高手，或一根筋；
- 业务能力超突出，绝对的骨干，中流砥柱；
- 性格直爽或霸道；
- 有一定的资历或背景。

这样的领导做守护神，是一件可遇不可求的幸事。不得不承认，很多时候，我们习惯羡慕别人：别人的手机比我的好玩；别人的午餐比我的丰盛；别人的领导，比我的更有担当……

2.2.2 与别人的“守护神”过招

如果说与平行部门领导打交道是一门学问，那么与别人的“守护神”过招，则是一种考验。毕竟平行部门的领导与直接上司不同，尤其这样强势型的领导，处理得当事半功倍、稳中有升；否则，很可能影响全局。

对于性格直爽的“守护型”领导而言，首因效应尤为突出。因此，我们应从营造和谐氛围做起。

日常沟通中，我们尽量用尊敬而平等的态度与其沟通，消除隔阂、增强黏度，让其畅所欲言，从而了解他的想法和顾虑。当他对你表示认可、甚至成为朋友时，一切问题都将迎刃而解。

2.2.3 关于“护犊子”现象

从行动上讲，管理应该恩威并重；说到底，管理也是做人。

解析“护犊子”现象，换位思考是根本。不在其位不谋其政，局外人很难真正理解当事人的难处。

作为负责人，除了业务，另一个重要职责是凝聚团队、营造积极的工作氛围，确保大家同心协力地完成任务。一个好的负责人，首先是一个好的执行者、服务者。负责人必须善于激励，让下属感受到发自内心的重视、真诚，以及人格魅力。毫无疑问，“守护型”领导做到了。

站在老板的角度，没有任何老板会为了所谓的“情面”不顾企业生死。老板之所以对“守护型”领导睁一只眼闭一只眼，并不完全是选择性失明，而是因为他有价值，可以创造利润，他的行为符合老板的意图。

保持与老板同频的节奏，这点同样适用于人资。我们有必要自我反思：出现这样的分歧，究竟是沟通方式不当，还是涉及之事无足轻重？

在进退两难的现状下，不要急于做出任何决定。当务之急是先调整心态，放下管理者的架子，虚心请教。试着与研发部上下交朋友，让他们了解你的出发点、目的、责任……这个时候避免打官腔，没人愿意和一个“木偶”交流，拿出你亲和的一面。切记：管理的成功与否，很大因素取决于威信，而一个人的威信，不是制度能解决的。

2.2.4　“守护型”领导的应对策略

我们首先分析整个事件的沟通对象，虽不清楚你在人资中的地位，但大概的沟通对象不外乎三种：一是研发负责人；二是企业的老板；第三个可能是人资负责人。

如果面对研发负责人，必须用专业说话，用人格魅力去影响，至少在沟通中处于一个对等的局面，否则问题很难有效解决。

如果面对企业老板，建议用数据说话，分析这种现象的显性成本与隐性成本，如“护犊子”时期，研发部业务的变化、人员流动状况、部门满意度高低……成也萧何败也萧何，老板应该更懂这个道理。

如果面对人资负责人，汇报尽量详细一些，最好将具体事例和影响细化，然后列出自己的解决思路。

从人资角度分析，企业的绩效制度缺乏相应导向。如果条件许可，可从完善绩效指标入手。如将跨部门协作满意度、员工行为规范等指标作为考核辅助指标，同时将数据采集公开透明化。就像交警开罚单，不考虑小概率事件，开出的罚单只能无条件执行，对于已经公开透明的数据，人资只能照章办事。

还有一种可能，现行制度没有考虑到研发部门的工作性质，导致认可度偏低。研发部的工作，更多以团队的形式展开，很难单体量化。有时候，审时度势，对原有制度适当修改完善，更好地匹配企业发展阶段和研发部特点，也是一种进步。

与“守护型”领导打交道，唯唯诺诺不如用专业说话，内心认可是尊重和沟通的基础。如果发生争执，不必在意，学会自我减压，自己找个台阶。很多时候，争执并非针对，只是求同存异的过程。

最高段位的强大不是表面的强大，而是能接纳自己和别人的不足。对于强势型的领导，不要带着个人情绪，甚至在公众场合反驳，这样只会让事情变得更加糟糕。试着私底下提出可行建议，尽量用他最舒服的方式，如邮件沟通，下班后的闲聊等。

2.3 不怕被利用，只怕你没用

我毕业后入职了一家大型企业，公司去年投资新建了一家分厂，今年我被调来任人事科长。公司架构里总务和人事是分开的，现在公司效益不好，我来之后，分厂总经理就把总务的大部分职责也归到我手里。

公司董事长对新厂要求特别严，在生产任务不多的情况下，他把重点放在厂区环境、宿舍食堂绿化上。我之前没有经验，这些事情还在摸索阶段。董事长说新厂这不好，那不足，总经理说是我全权负责。我觉得我一直被当枪使，过来的时候觉得这是个锻炼的机会，但现在心思也有些涣散了。我该怎么办？

“被当枪使”，很多人总感觉被利用而难以接受。其实换个思路，心情或许豁然开朗。因为，但凡能被人利用者，必定有其存在的价值。

天上掉馅饼的事情很少，机遇总是偏爱有准备的人！所谓的“被当枪使”“背锅”，只是被名利蒙蔽双眼、抓不住机遇的失败者的抱怨而已。

2.3.1　关于机遇，一段真实的经历

那时，我参加工作不到半年。某天午休，意外接到局长司机的短信通知，让尽快打扫单位院子的卫生……

虽然超出职责范围，我还是毫无怨言地顶着大太阳，认真地将院子里里外外打扫干净。当我满头大汗给花草浇水时，总局的局长来视察了……于是我有了第一次与局最高领导的近距离接触，虽然只是不多的几句话。

事后我了解到，其实司机通知了每一个新来的大学生，但付诸行动的仅我一人。本该小车班做的事派给新来的大学生，却给了我一个在局长跟前露脸的机会。可以说我们有被当枪使的嫌疑，但不否认也是一次难得的机遇。

如果最终没人行动，后果几乎可以预见：局长对卫生不满，司机被批，新来大学生成为替罪羊……无论任何情况，我们都应该将工作放在第一位，用结果说话，而不是相互推诿、埋怨。

局长临时决定参加一个大型剪彩仪式，需要发言稿。这事从党委书记到办公室主任，最后竟然神奇地落在了我的头上。

当时紧张到几乎失眠！我临时抱佛脚，查阅了大量的书面资料和视频，反复揣摩发言领导的特点和精髓。经过多次修改，提交了一篇自认为最完美的发言稿。

局长是个身体力行的人，亲自下一线与我沟通，并当面演示。提出自己的建议和设想。这种方式效率很高，改稿，演示；再改稿，演示，发言稿最终得到局长的认可。在这次写稿的过程中，我也让局长彻底记住了自己。

2.3.2　吃亏是福，付出才可能有回报

面对临时性任务，是百般推诿，还是积极响应？这让我想起《送给加西亚的信》，无论何时何地，不找任何借口，先把工作扛下来再谈其他。

很多单位在岗位职责中都有这么一条：积极完成领导安排的其他工作！作为领导，他有权重新划分工作职责；作为下属，我们最好的回应是无条件服从。

假设下属无休止抱怨，处处找借口，甚至公开质疑领导的公平性甚至用心。个人认为，这样的下属不要也罢。

现在聪明人太多，简单工作抢着做，有难度的事情互相推诿。其实，摆正集体利益与个人利益的关系，不计个人得失，抱着吃亏是福的心态去努力，收获往往出乎意料。

假设没有一个大学生打扫卫生，司机无疑要承受局长无穷的怒火。大学生以后再想与司机交好，自然难如登天。

很多时候，我们刻意伪装，留下良好印象很容易，扭转不良记忆却难如登天。如果一味抱怨司机耍小聪明，显然不明智。吃亏是福，你的付出有心人会看在眼里，记在心里。

2.3.3 机遇是一把双刃剑

机遇往往是一把双刃剑，抓住是机遇，抓不住很可能伤人伤己。

假设发言稿被我写得一塌糊涂，最后我不仅要承受各个层面的批评，甚至可能连累党委书记、办公室主任等领导，以后还如何混职场？

日常工作中，我们必须坚持学习，努力进步，提高自身的专业修养，抱着有则改之无则加勉的心态审视自我，接纳别人。

积极行动，让我们在逆境中磨练自己，获得成长；消极抱怨，成为负能量传播者，没有让人眼前一亮的成绩，长此下去，必泯然众人矣！

把领导的信任视为故意刁难，把机遇当作进步的绊脚石……这是自身心态出了问题。长此以往，不思进取，将导致人性的扭曲。

因畏惧而停止不前，这不是领导想要的结果！天将降大任于斯人也，必先苦其心志，劳其筋骨……一件事情，往往有多种可能性，借口、抱怨、畏惧，不如踏踏实实即刻行动，用结果说话！

2.4　吞得下委屈，才能拥有大格局

我在一家中小型公司工作，我们经理一直偏心薪酬专员小赵，分给她的活儿最少，其他人每天忙得要死，小赵却一下班就走，很少加班。经理有事喜欢找小赵沟通，部门有什么好事经理也总优先考虑她。说实话，没感觉小赵比我们能力好在哪里，但领导就是偏心，这让我们感觉很不公平、没有出头之日。请问，作为不得宠的员工，我们该怎么办？

有时候，我们觉得世界处处充满不公平：为什么他学习不努力，偏偏拿奖学金；为什么他工作轻松舒适，先进依然轮不到我；甚至两个人一起买彩票，中奖的也是他而不是我……

无论得宠的红人，还是失宠的下属，我们都必须直面领导、同事等偏心的现实。只有吞得下委屈，才能真正喂大格局，造就不一样的自己。

2.4.1　将放大镜对准自己

如果将放大镜对准别人的缺点，无疑一叶障目：只看到他学习不努力，却忽略他聪明高效，拿奖学金理所当然；只关注他加班少，但无视他工作有条理性，执行力强；发现领导有事喜欢找他，却不知道他付出了多少努力……

如果将放大镜聚焦自己，又是怎样的结果？为什么每天忙得顾不上喘口气，依然焦头烂额；为什么领导赏识的总是他，却对我视而不见……

公平从来是相对的，当心中的天平偏向别人时，我们往往像一头愤怒的狮子，烦躁不安地乱跳，怒吼……然而，有什么用？

将精力浪费在无谓的嫉妒猜疑中，不如以一颗平常心微笑面对，虚心学习别人的优点，敢于正视自己的短板。或许，今天领导欣赏他的机智；或许，有一天，领导也会欣赏你的沉稳。

2.4.2　通过现象看本质

俗话说，耳听为虚，眼见为实；有时候，眼见的不一定就是真的，甚至，

当局者迷的情景也屡见不鲜。

“如果你带着一头驴子、一匹马上山，你是鞭打驴子，还是鞭打马？”

“我会鞭打马。”

“为什么？”

“因为鞭打马，马懂得往前进，但驴子冥顽不灵，鞭打它并没有丝毫用处。”

这个道理同样适用于职场。一个工作轻松、地位尊宠；一个是工作繁忙、无人赏识……你会选哪个？很多人羡慕前者，幻想成为领导身边的红人，却没有意识到：安逸背后，时刻都活在危机之中，代价反而更高；而忙碌，看似艰苦但却可以平安无事。

干活最多，却被批评最狠，其实无须沮丧或愤愤不平。也许在领导心目中，你正是那匹需要鞭策的骏马。

2.4.3 从“他人证明”到“自我肯定”

最近我经常思考这个问题，为什么他人的反应和看法会影响自己，为什么我们这么渴望得到别人的承认？

期末考试一门满分、一门第一、一门第二的儿子没有得到任何奖励。爱人抱怨，竟然连个进步奖也不给。我接过话，一直第一名，还怎么进步？

职场也是如此，是否因为我们曾经被否定太多，才那么迫切地需要认可。我们自以为看到了职场的真相，其实不然，我们只是看到职场善良或邪恶的某一面。

如果我们固执地认为，领导眼前的红人很差劲，甚至陷入林黛玉式的自怨自艾。这个时候，可能需要静下心来反思自己。有时候觉得世界错了，可能是我们自己看世界的角度错了。

“求求你，表扬我。”工作的目的似乎只为得到领导的肯定。被领导忽视，如何应对？有人低头苦练，结果能力是有了，依然得不到领导的重视。

很多人会犯一个常识性错误，他们避免或减少与领导面对面的沟通，甚至有意无意地躲着领导。这种低情商的行为，简直是人生路上最大的绊脚石。

在传统教育背景下，很多人从小到大，潜意识里只为了得到别人的肯定而活。无法活出自我，无法肯定自我，如何释放自己的生命能量？

从另一个角度讲，越希望别人肯定的人，越吝啬去肯定别人。是否你一直质疑领导，排斥同事？在你的眼里，看什么都是错的，最委屈的永远是自己。

2.4.4　从“患得患失”到“宠辱不惊”

心态需要有一个历练过程，参加工作的新人不需要刻意云淡风轻。心态的修炼会缩短我们“患得患失”的过程，让我们学会真正地审视自我。

1．总会有人不喜欢我们

人是社会性动物，需要价值感和存在感。同时我们必须认识到：总会有人不喜欢我们，可能这个人恰好是我们的领导。

有人不喜欢我，并不是我的事，更多与他们本人有关。对他们来说，我有多好，为他付出多少并不重要。他们只会心安理得地接受我的付出，至于“不喜欢我”这件事，不会改变。

2．你的价值不因偏心而贬值

不要因为领导偏心，而否定一切，甚至否认自身的价值。不必刻意将自己打造成领导喜欢的模样。与其追求那些漠不关心甚至伤害我们的人，不如修炼自己达到必要的高度，从而远离对我们有害的人。

如果我们习惯自我否定，又有何权利去要求别人的认可？当某一天，你不再关注领导是否偏心时，才是真正的成熟。

3．领导的心思你别猜

领导的一举一动，让我们患得患失，如果我们太在意所谓的认可，会活得很累，其实是一种情绪能量的浪费。

很多时候，我们要学会接受事实，既然努力做了自己能做的，依然没有换来领导一个肯定的眼神，那么，不如选择做自己的上帝。我们需要有尊严地工作，把精力投入到积极且互惠的同事关系中，可能更实际一些。

4．走出固有思维，才能涅槃重生

为不可能的事情而奋斗会使我们看上去很傻白甜。我们唯一要做的是努力克服这种状况。世上没有什么比纯粹的坦然更为强大了，去做最优秀的自己吧。

上下级本质上只是一种合作关系，为何一定要得到领导的偏爱？当我们放弃执念，跳出这种病态的思维，就会从消极的影响中解脱出来，完成一次重生。

那些偏心的领导，其实是我们成长道路上最好的磨刀石，让我们更清楚地了解自己想成为什么样的人。

我们总是习惯站在别人的角度考虑问题，结果自己把路堵死了。其实，每个人在自己的世界里都是君王，按自己内心去努力就好。记住，驾驭不了别人的时候，不如换个方向，去成就最优秀的自己。

2.5　职场“黑哨”的两极

我刚入职一家规模 1 500 人左右的公司时，工人绝大部分都是派遣工，我任职薪酬专员。三个多月过去了，领导只安排我负责考勤管理、社保公积金办理等跑腿工作，太简单且没有技术含量。而我自己是想在职场上有所发展的，所以十分不习惯。经常问主管有什么工作可做，他要么说你现在做不了，要么说没什么工作。总之，一到做工资的时候他就忙死，我却闲得发霉。我如何改变这种状况？

初入职场，我们都会犯一些“想当然”的错误，认为手头的工作没挑战性，迫切地想做一些重要的事，却没有机会，导致工作懈怠。

为什么领导不安排所谓的重要工作？

- 第一点是信任。毕竟你仅来三个月，怎么可能把薪酬这么核心的工作交给你？
- 第二点是了解。通过安排社保公积金这些跑腿活，观察你的工作态度、学习能力。

很显然，你并没有站在领导的位置考虑问题，没有将这些看似简单的工作做精做细。

2.5.1　那个撞钟的小和尚

这样的情形，让我想起那个撞钟的小和尚。

他总觉得“做一天和尚撞一天钟”无聊之极。直到有一天，他被贬到后院劈柴挑水，原因是他不能胜任撞钟一职。

小和尚很不服气地问：“我撞的钟难道不准时、不响亮？”老主持耐心地告诉他：“你撞的钟虽然很准时，也很响亮，但钟声空泛、疲软，没有感召力。钟声是要唤醒沉迷的众生，因此，撞出的钟声不仅要洪亮，而且要圆润、浑厚、深沉、悠远。”

2.5.2　工作标准的重要性

你的领导与这个主持，都犯了一个常识性错误：没有事先公布工作标准。如果能事先明确工作的标准和重要性，我想你应该不会埋怨领导的“黑哨”行为。

工作标准是员工的行为指南和考核依据。缺乏工作标准，往往让员工失去努力的方向，甚至与要求南辕北辙，造成各种资源的浪费。

缺乏参照物，很难看到工作的意义，时间久了，容易导致工作懈怠。因此，布置工作尽量明确标准，注重可操作性。

如果我们用运营的思维看待工作分配，可能更容易接受。“把优秀的资源给最优秀的人”，是运营的一贯宗旨。你能做好手头的工作，我才会考虑安排其他工作，否则，只能被淘汰。

2.5.3　审视自我，换位思考

工作中，必须学会换位思考，理解他人的情绪，体会身边人的处境及感受……你能从他人的角度看问题，才会与他人有真正意义上的沟通。不懂得换位思考，则会出现错位、误解，从而影响到沟通效果。

具体到工作，只有站在主管的立场，考虑主管的处境，并准确表达自己的意图，才能做到有效沟通。问主管有什么工作，不如问主管工作需要哪些改进。

现实中，很多员工似乎并不明白或满意自己的职责范围，一直抱怨领导不重视，自己怀才不遇，幻想某一天突然出人头地，得到领导赏识，受到同事钦佩。

这样的员工，结局往往出乎意料，没有人认可，甚至被贬低得一无是处。公司的组织架构、岗位职责绝不是摆设。作为新人，认清自己的工作权限，在职责范围内把工作做到位，才不会让眼高手低毁了前程。

2.5.4 低调做人，高标做事

对于要求进步的员工，高标准做事是唯一标准。他们不会自我安慰，我已经做得很好了，只会严于律己，在工作的每一天追求尽善尽美。如果你习惯对自己说，我做得够好了，工作实在太无聊太缺乏挑战性，只能一事无成。这让我想起那个浮躁的挖井人：挖了很多井，却都浅尝辄止，始终挖不到一口有水的井。

简单的事情重复做，你就是专家；重复的事情用心做，你就是赢家。卖油翁无疑是成功的典范。如果你一直敷衍了事，沉不下心，找不到激励自我的目标动力，迟早会在激烈的竞争中被淘汰。

如果说高标做事是促进、发展、成就事业，那么，低调做人则是一种修为，一种对人生的理解。

作为新人，低调比强势可取。低调做人，高标做事，要求我们在工作中虚心待人，隐藏锋芒，高质量完成工作，树立高标准，超越自我，从而摆脱平庸，走向卓越。

当现实与理想差距较大时，紧盯别人，不如检讨自己：是否考虑到别人的感受，是否高标准地完成每项任务，是否低调做人高标做事……

利益往往会让人失去思考的能力、失去做人的准则，甚至模糊是非观念。如果陷入“被当枪使”的沼泽不能自拔，必将让眼前的机会从手中溜走，甚至弄巧成拙。

如果自己是一杆战斗力十足的枪，那么枪口究竟应该指向何方？其实一切的根源在于自己的本心，了解自己，把握自己，才能真正找到体现自我价值的方向。

我们看时间，总是先看时针，再看分针，而运作最多的秒针，却没人去看一眼。自己本就是秒针一般的存在，说枪那是抬举了，踏踏实实地发挥应有的作用就好。

第3章

如何面对不完美的下属

作为直接领导，面对表现或能力参差不齐的下属，如何将每个人放在合适的位置，发挥各自的优势和潜能，很大程度取决于对下属的定位与激励。从某种角度来讲，对下属管理是否到位，是衡量直接领导是否称职的重要标准。

3.1 不完美的下属，批评还是激励

最近领导让我批评一名下属，这个下属工作能力一般，虽然不会出什么大的纰漏，但也并不讨喜。其实这个女生心眼不坏，作为她的主管领导，我也不知道该怎样和她沟通。请问大家，怎样批评下属，才能既让她改正缺点，又不伤她自尊？

有则改之无则加勉，是一种境界。正如《左传》中所言：人非圣贤，孰能无过。知错能改，善莫大焉。

知错能改，自然是件喜闻乐见的好事。我们却常常改掉正确的，结果错上加错。在批评员工之前，首先应做好调查取证，避免张冠李戴或言过其实。

3.1.1 “三明治定律”

工作能力一般，各方面相对平庸。这类员工，怎么批评？轻了隔靴搔痒，重了于心不忍。有点儿策略的可能会采用“三明治定律”：

- 先肯定：营造氛围，让下属从内心感受到舒适，便于接受建议；
- 提建议：建议点到为止，每个人都很清楚自己的所作所为，不需要过度延伸。借题发挥只会适得其反；
- 和蔼收尾：结尾时不妨说一些鼓舞士气的话，让下属从沮丧的情绪中摆脱出来，再一次理解你的善意。

当然，对于趋于自我封闭的下属，一份“三明治”远远不够，必须再加点儿猛料。

3.1.2　用具体事例做引

批评下属，切忌高大上，假大空。“工作能力怎么这么差，什么时候才能让我省点儿心”……这样的批评，看上去更像抱怨，没有任何力度。

批评下属，应就事论事，用具体事例，引出她工作中的缺点和不足。这时会有两种截然不同的走向：下属欣然接受，皆大欢喜；下属辩解，甚至开脱。

后一种情况，我们需要保持冷静，做一个好的倾听者，让其畅所欲言。意见相左时，切忌针锋相对，陷入争辩的泥潭。

沟通时，给下属一个畅所欲言的机会又何妨？等她酣畅淋漓地倾诉后，我们再继续刚才的话题，提出合理的改善建议。

有经验的领导，会将具体事例提炼为行事原则；有阅历的领导，会巧妙地带入，引发共鸣；睿智的领导，最会做总结。

如果我们不理解领导的意图，不要软抵抗，可以边执行边理解，或先执行后理解……无论如何，给领导一个满意的结果，因为领导看重的永远是结果，而非过程。

3.1.3　以身作则，言传身教

结合具体事例，有针对性地指出缺点提出建议后，员工往往口服心不服。我们有必要进一步用事实说话。

如会议通知，她临开会前在公告栏简单地写了个通知，然后……没有然后了，参会人数可想而知。被批评时，还振振有词，该做的我都做了，还要怎么样？

第二次会议通知，你做她看。一周前将会议主题、参会人员名单、时间地点等信息确认后发布 OA；周例会上，再次告知会议的相关内容，并强调会议制度；会议召开前两天，在各个公告栏张贴会议通知；会议前一天，在微信群里发布会议通知；会议开始前一个小时，电话确认主要参会人员和替会人员……看着冰火两重天的到会率，还需要多说什么吗？

3.1.4 换位思考，循循善诱

说话直，做事欠考虑，本是可大可小的事，但在某些人身上，不仅不讨喜，反而让人讨厌，显然不再是一件小事。

从心理学的角度出发，营造一个良好的沟通环境后，谈话开始了。

“你认为说话直有什么好处？”

她挠挠头，不解其意，“好像没什么好处吧，只是图个痛快。”

“那有没有其他影响？”“这个绝对有，很多时候话还没说完，别人都听不下去了，因此我不得不更快一些。”

真是神一样的逻辑。“你喜欢听舒服的话还是直来直去的大实话？”

“当然是舒服的话，和您谈话就很舒服，其他人都很针对我”。

“想知道我是怎么理解说话直吗？”“想，”她使劲地点点头。

每次听到有人说：我这人说话直，他的言下之意是我说错了你不能怪我，我得罪你了也情有可原。这种人的逻辑真是不可理喻，我又不欠你什么，为什么要包容你的任性？

还有一种人，“我这人说话直，我们打开天窗说亮话，别藏着掖着啊。”似乎要和你推心置腹。其实，这种人最阴险，玩的是欲擒故纵。

自己想想，有没有领导对你说：我这人说话直？其实他的意思是让你说真话。当你觉得说话直是优点的时候，你会不分场合地直来直往，让领导尴尬却不自知。时间一久，鞋柜里的“小鞋”就派上了用场。

“难怪大家都不待见我，以前我一直搞不清原因，现在您这么一讲，我全明白了，我一定改！”

3.1.5 建立激励的条件反射

巴普洛夫实在聪明和幸运，用实验狗第一个发现了条件反射。从此以后，每当听到铃铛的声音，巴普洛夫的狗就会坐直起来，一边摇尾巴，一边流口水，期盼着接下来的铃声，和好大的一块肉。

我们也一样，领导布置一个任务，我可能不去照做，或者说没注意听他讲，我做错了被批评了没有受到表扬。下一次，我做好了，于是我越来越发现跟着领导说的做我就会得到表扬，我就高兴，我就照这个做，最后我就学会了，不用得到表扬，我的大脑也会因为把这个事做会而受到一个积极的欣悦体验。

职场中，无目的式的随机行为非常多，但是越来越多建立起来的条件反射让我们发现，按着领导的要求做会有表扬，有鼓励，有奖金，我们就会快速地建立条件反射：按领导要求做“等于”高兴。

批评下属，实属下策。鼓励缺乏长期性，最多算中策。按照自身的要求，建立条件反射路径，这才是领导做事的办法，也是最靠谱的方法。

3.2　搞不定下属，因为没有搞定自己

我是一名人事经理，婚假归来，发现临时委托代理的员工已全权胜任我的工作内容，她与总监及其他部门都相处融洽，并没有因我不在，导致工作滞后延迟，大小事情都处理得非常好，貌似就算我不在公司，她也可以搞定所有事务。我今天已回来上班，她很忙，而我却没什么事。我也在备孕，以后还要休产假，我很担心位置不保。像她这么优秀的下属，我应该如何面对？

下属平庸，领导不满；下属优秀，领导担忧……这种矛盾的冲突、激化，引发关于上级与下属关系的思考。上级与下属，到底应处在哪一种状态：朋友，竞争者，还是同事？

我不喜欢把上下级关系定义为朋友。至于竞争，则是无处不在，平常心看待即可。无论上下级也好，同级也好，本质都是同事关系的一种，不必复杂化。

3.2.1 有策略地交接工作

一个婚假，竟然将工作毫无保留地交付给别人。如果不是“双商”堪忧，那心可真够大的。

休假期间，如何交接工作，绝对是一门学问。

事务性工作必须安排扎实、明确标准，让接手的员工清楚方向、有据可依；与上级的沟通，不交流或少交流，如有需要，临时安排即可；外联事宜，更多地涉及到人脉，在不影响大局的情况下，尽量自己处理。

工作交接如同投资，应避免将鸡蛋放在同一个篮子里。我们应将工作合理分解，落实到人。交接后，注重各模块的汇报和跟踪，确保你与总监以及下属的沟通不会间断……理想的状态是：各种工作的正常运转，多少都能看到你的功劳或影子。

假如没有合理交接，可能出现哪些后果？

第一个后果，休假期间，代理人员完全独当一面，不仅工作处理得当，而且与总监及员工相处融洽。

第二个后果，全权负责既给了代理人员锻炼的机会，又使其他员工养成惯性依赖，导致休假回归后，代理人很忙，你却无人问津。

这两个后果，都与工作交接不当密切相关！

3.2.2 亡羊补牢，为时未晚

缺乏工作交接的技巧和意识，最终造成无事可做的尴尬，不过这远非世界末日。我们可以采取很多补救措施。

组织部门会议、进行工作汇报是不错的选择。首先，将汇报内容分类，如休假期间交代的工作，与其他部门的衔接，上级安排任务的执行情况等；其次，下一步的工作安排，重点突出交接之外的事务；最后，可向总监提出建议，是否给代理员工一个奖励，如绩效奖金，或职位晋升。

这样做的用意有两点：一是将休假期间的工作清晰化，便于沟通与汇报；另一个其实也是试探：这个员工仅仅是能力出色，还是有一定的野心，或领导有其他想法。

其实还有另外一种可能：你太低调，何时归来大家并不清楚，因此习惯性地找代理员工。这反而最容易应对。毕竟结婚是喜事，找个时间请各部门负责人聚一聚，联络下感情，说一些场面话，让大家知道你回来工作了即可，问题基本迎刃而解。

一些企业会把培养下属作为直接领导晋升的必备要素，但对于中小企业而言，我们不可过于迷信这个理论，还是要结合公司实际情况，做好应对。

很多企业提倡成本节约而不是人才梯队建设，几乎都是一个萝卜一个坑。你在位，别人则无法晋升。短期内可能相安无事，但时间久了，一定程度上，你与优秀下属之间的矛盾会进一步激化。

3.2.3　休假只是导火索

目前你在公司的处境有点儿尴尬：你的晋升空间有限，晋升机会更是渺茫。你的上级与下属也是如此，导致腹背受敌。

一种情况是能力欠缺，即使总监岗位空缺，公司也会采取外聘方式。另一种情况，能力虽然达标，但缺乏晋升空间。如总监打算在企业长期发展，他不晋升或不调岗，你永远没有晋升机会。

这意味着：上级是最大的对手，下属是潜在的威胁，甚至还有同级这个假想敌。

如果是第一种情况，你的安全程度取决于总监对你的信任程度；如果是第二种情况，总监可能会找一个急于证明自己的新人，消除来自你的威胁。

这样通盘考虑，休假归来，发现被架空，被边缘化，也是可以接受的事实。

短期的做法有两种：一是维护改善与总监的关系，在休假期间保持与领导适度的沟通；一是加强对下属的掌控力，分工明确，即使休假期间，工作尽量避免集中在一个人身上，从而减少潜在威胁。

职场不是慈善场，尤其 HR，嗅觉必须敏锐。

上级有长远布局，下属有个人盘算，每个人都想利益最大化。在前有埋伏后有追兵的现状下，足够优秀是必要前提。因此，立足自我，强大自我，是长期根本所在。否则，得不到上级的信任与下属的认可，将进退两难，处处都是危机。

如何重新赢得上级足够的信任，取决于你的态度、能力以及自身体现的价值。如果你足够强大，优秀的下属只能是锦上添花，而不可能是落井下石。

有人说，真正的成功是带领他人一起成功；有人说，帮你是情分，不帮你是本分……在我看来，无论是上级或下属，都逃不脱同事的范畴。谁也没有义务一定要帮你，即使这个下属是你一手带大的，他也同样有资格竞争人资经理这个岗位。

没有永远的上下级关系，只有永远的同事，而同事之间不仅有合作，更有竞争。我们只需保持一颗平常心，理性看待，让竞争朝着良性的方向发展。

3.3 “不服管”的现在，是“管不服”的曾经

一位下属在半个月前提出离职，约定招到人交接完，办理离职手续，期限不超过一个月。最近这位下属经常迟到、早退、不按时完成工作。我稍加提醒，态度极为不配合，甚至当场顶撞。我是骑虎难下：不管她，担心其他下属仿效；管吧，又没有任何办法对其进行约束。这样的离职员工，真心难管。面对这种情况，我该怎么办？

员工离职的成本到底有多大？除了代通知金、替代费用、人员补充成本等显性成本之外，因员工离职而引发的工作效率低下、团队凝聚力弱化、负面情绪泛滥、技术或客户资源流失等隐性成本，更容易影响企业品牌与形象，降低顾客满意度，甚至引发经营风险。因此，做好离职员工的管理，成为降低离职损耗的有效措施。

人的本性，在离职的特定环境下体现得淋漓尽致。招聘时挑三拣四，

曲意迎合，这样不对等的开始，注定员工离职时，更容易引爆不满和抵触。

离职、迟到、早退、消极、顶撞、对峙……这一系列关键词，像是孪生子，相伴相生。将责任完全归结于离职员工，显然过于一厢情愿。

3.3.1　是否得到员工的认可

作为上级，如果管理只是以权势压人，得不到下属发自内心的认可，其实是一件挺可悲的事。壁立千仞，无欲则刚。离职在即，员工不再委曲求全，甚至无欲无求，自然无须忍受你的强势和任性。

中高层的管理，常见的有五种形式："抽屉式"管理强调明确的工作规范，既不能有职无权，更不能有权无责，必须职、责、权、利相互结合；"危机式"管理宣扬如果不把产品质量、生产成本及用户时刻放在突出位置，公司的末日就会来临，让人居安思危；"一分钟"管理包含一分钟目标、一分钟赞美、一分钟惩罚等内容，有效地缩短了管理过程，有立竿见影之效果；"和拢式"管理强调个人和整体的配合，创造整体和个体的高度和谐；"走动式"管理主要指企业主管体察民意，了解实情，与部属打成一片，核心是现场管理。

现实中，我们的管理却是另一种情形：命令式管理，方式简单粗暴，只知下命令要结果，却对下属缺乏指导和尊重；拉拢式管理，用小恩小惠收买人心，只要无条件服从，犯错了可以睁一只眼闭一只眼；消防式管理，无制度、无流程、无预判，完全是消防员式的救火，疲于应付；伪人性化管理，看上去似乎很人性化，其实没任何管理措施，完全凭员工自觉性，听之任之。

试问，员工在职时，你采取的是哪种管理模式；员工离职时，是否有预判与沟通……在失去权势的威慑后，面对员工如此表现，束手无策，是一种管理的失职。

3.3.2　从约束到倾听

记得赵颖老师曾讲过：她能叫出每个员工的名字，甚至能记住每个人的生日，如果员工迟到或事假，她一定会深入一线了解情况……这样的做法，让人非常有归属感。

从心理学角度分析，如果一个人拒绝被改变，你成功的概率多数是渺茫的。面对这种阻碍积极变化的情绪，最重要的态度是倾听而不是试图说服。

对一个去意已决的员工，依然沿用过去的暴力手段强行约束，在员工逆反的心态下，只会适得其反。

不刻意打压，不是放弃管理，而是为了寻求更合适的解决路径。作为领导，强势失去用武之地后，我们唯有倾听别人的想法、处境、困难，才能提供实实在在的帮助。

为什么迟到或早退？或许是身在曹营身在汉，心思已不在这里；或许失业使得他面临比较大的经济压力，迫切地需要在离职前找好下家。发展到今天，“骑驴找马”已成一种常态，没必要上纲上线。

曾有 HR 在专业群中“善意”提醒：某人虽为本科统招，但斤斤计较，对于企业不规范的地方，特别较真，经常死磕到底。后面附有详细信息，大意是号召所有 HR 封杀此人。这样的做法，你是否认可？

离职员工会面临生存压力，被房租、水电费、一日三餐等现实问题困扰。何况，任何人维权，谁能说错？这样不顾他人隐私，采用网络暴力，是否真的合适？

如果我们的关注点只停留在工作层面，根本不关心员工的内心变化和实际需求，如何得到员工发自内心的认可？

即将离职的员工，尤其是主动申请离职的员工，早已“生无可恋”，有一种破罐子破摔的任性，改变的动力必须源自本人。

3.3.3 高效沟通

从一定意义上讲，管理的精髓就是反复沟通，深入沟通，高效沟通。如果你和下属的沟通较少，如何掌握他们的一举一动，了解他们的内心需求？

员工主动离职，对你而言很突然。这时候，需要沟通的方面有很多，如具体离职原因，对公司的建议，今后的打算，需要提供哪些帮助……通过不断沟通，淡化因离职而凸显的矛盾。

我曾经历过类似的事情：老员工出乎意料地提出离职，据传外省为他开出天价薪酬，领导认为挽留的意义不大，建议及时外聘替代者。

作为 HR，通过与员工本人、直接主管、科室其他同事的反复沟通，了解到他的一些情况：有两个孩子，都处在教育关键期；房贷压力大；绝对的业务骨干……于是我与他聊孩子教育，谈压力管理，职业规划……最终，我们达成共识，都觉得留下来更好一些。

3.3.4　不是每个离职员工都值得挽留

员工离职处理不当，会产生蝴蝶效应，出现罢工、上访、投诉、示威等，引发劳动争议和仲裁诉讼。严重的，有可能爆发一定的暴力冲突，甚至危及到个人以及公司的安危……

面对离职员工迟到早退，你竟然骑虎难下，束手无策。我们是否应该扪心自问：到底是员工的自身素质太低，还是我们的管理水平堪忧？

一般企业，在行为考核指标中，都会对迟到早退之类行为指标有明确要求。作为管理者，有效发挥制度流程和绩效管理的作用，是最基本的管理意识。

对于离职员工，不要自乱阵脚，先深入沟通，最好能推心置腹地谈一些问题，提供一些力所能及的帮助。

这样的人性化管理不是示弱或退让。对于那些一意孤行的员工，必要时可以警示；屡教不改者，该重罚绝不手软。虽然这样的处理并非上策，但为了防止负能量的传播，杜绝在职员工效仿，必须快刀斩乱麻。

当然，如果在沟通、警示、处罚后，员工依然我行我素，不如劝其尽快离职。不是每个员工都值得挽留，对于负能量的离职员工，走得越早越好。

这时候，先不要急着进行外聘，可将内部潜力挖掘放在首位，通过绩效分配方案的引导，鼓励团队协作，达到优化流程、减员增效的目的。即使需要补充人员，也优先考虑内部推荐，其次才是外招。

离职员工的管理，真正的改变源于自身，外因只是催化剂。世上没有万能药，也没有万能的管理工具。对于员工离职，要有开放的胸怀和气魄、良好的用人理念、清晰的管理机制，预先做好离职管理应对方案，从而变被动为主动。

3.4 我是来工作的，不是来交朋友的

我在一家新成立的公司担任人力资源经理一职，总经理是我前上司，他入职这家公司后，就把我叫过来帮忙。近期，一位副总在管理上出了点儿问题，我就把这件事情告诉了总经理。副总知道后，就觉得我在中间搅事，并扬言今后不再配合我的工作。加上大家认为我是总经理的人，只会围着老总转，对我也是表面一套，暗地一套，以致很多工作都没人配合，停滞不前。造成这种局面，我该如何改善、缓和矛盾？

人力资源管理工作的高效运转，离不开公司高层、各部门管理者以及全体员工的支持与配合。作为 HR 部门负责人，需要扎实的专业功底、丰富的从业经验、坚定的执行力、敏锐的观察力、良好的大局观……唯有如此，才能做一个促进团队提升的狠角色。

3.4.1 找准自己的关注点

冰冻三尺非一日之寒，很多时候，谁是谁非很难一概而论。

从目前现状分析，副总对你成见很大，工作中拒绝配合，甚至故意刁难；员工对你误会很深，敬而远之，冷眼旁观……最致命的是，你的工作停滞不前！

领导与员工的刁难和冷漠，可以是无所谓的事，不必耿耿于怀。理解与支持只能锦上添花，而不会雪中送炭！毕竟你来这里是工作的，不是交朋友的，我们更应该关注有没有把事情做好，解决实际问题。

职场中友情固然重要，但绝不能因此姑息包庇。副总管理上出了问题，

到底该如何汇报、处理，方为上策？

有人说，职场要谨言慎行，有些事情你要学会装傻充愣，除非涉及到公司的根本利益；有人说，职场要先做人再做事，于是欺上瞒下，互相包庇，看着一团和气，相安无事，根部却已腐烂……

而我信奉“我是来工作的，不是来交朋友的”理念，因此，副总管理的问题，我建议汇报。至于如何汇报，需要斟酌。

如果只是抱着幸灾乐祸的心态参一本，任谁心里都不会舒服。汇报之前，是否与副总有过沟通，并且协助解决？如果在事情解决后再汇报，并且不揽功推过，让副总欠个人情，岂不两全其美？

3.4.2　新官上任的三把火

对空降兵而言，上任伊始，必须亮出自己的管理理念和解决方案，表明自己的立场，展现自己的能力和决心，达到树声威、去痼疾、暖人心的目的。

有人喜欢调整人员，铲除异己，提拔亲信；有人习惯大刀阔斧，重组架构，修改流程；有人不动声色，按兵不动，显得神秘莫测……

三把火一定要烧，但必须把握力度和时机，否则将弱化你的存在价值，甚至酿成火灾，制造矛盾，加大管理推行难度。

很显然，你的这把火力度有点儿猛。绩效管理推行、薪酬福利调整，让你的满意度直线下降！其实，你只是背了体制的黑锅。企业也是社会，站队在所难免，你被划为总经理的人，再正常不过，不必耿耿于怀。

你需要反思的是：为什么员工同你虚与委蛇？抛开所有的偏见，扪心自问，你解决了多少实际问题，做了哪些值得信任的事？

从“我是来工作的，不是来交朋友的”的观点出发，你的三把火未收到奇效，反而引火上身。毕竟“很多工作都没人配合，停滞不前”是实实在在的，必须引起足够的重视。

人缘不好无所谓，工作无法开展，你的价值如何体现？很多时候，我们不要太把自己当回事，也不要太不把自己当回事，不然很容易陷入画地为牢，固步自封的境地。

3.4.3 立足人资部，打造畅通的沟通渠道

俗话说，攘外必先安内。不难推断，现在的你，正处在内外交困的两难境地。要赢得人心，必须压力责任一肩挑，踏踏实实地为员工服务，解决员工关注的焦点问题。

这年头，玩虚的人见多了，真正办事的谁不认可？如果持续这种良性循环，你无疑将成为人资部的主心骨，而人资部也成为你推进工作的坚强后盾。

站稳脚跟后，你的重心可以放在沟通渠道的完善。与副总的矛盾，各部门的抵触，员工的片面看法，无人配合的苦恼……这些状况都与沟通反馈渠道紧密相关。

如果公司设立有工作质询会、缺陷管理群等，副总的管理问题将无处遁形。质询会最大的特点在于公开、透明。每个问题，从解决方案到完成节点再到补救措施……都在质询会的追踪范围，直至问题解决。

缺陷管理群，倡导的是全员公开对公司内存在的各类问题反馈，完全对事不对人。然后再通过周例会落实解决，重大的事件也会纳入工作质询会跟踪落实。

各种渠道的配合使用，让公司内的管理问题由杂乱变得清晰，形成以工作为中心的良好氛围，极大地减少了内耗，最终建立配合互助的工作模式。

3.4.4 学会借势

都说你是总经理的人，事实上，你除了背个名分，拿这个噱头做过什么？

很多事，仅依赖个人能力或威望很难完成，因此，我们需要寻求更多的盟友，特别是总经理的支持。

总经理支持你，但他不会也不可能无限制地支持。他的支持，像阿拉

丁神灯，能满足三个愿望，给予三次机会。我们不妨假设一下，如果机会真的出现，但只能满足一个愿望，你希望是什么？

我们要做的，是将老板强力的支持效果最大化，哪怕只有一个愿望，一次机会，也要用完美的蝴蝶效应不断证明自己。

作为一名空降兵，机会有限，因此不要有太多畏难情绪。你必须清楚，如果你一直拿不出打动总经理的筹码，所谓的阿拉丁神灯也会失灵。

要么你不去登山，要么就去攀登最高的山，而最快捷的办法莫过于踩在巨人的肩膀上。如果你迫切的地想要改变，学会借势无疑是最有效的捷径。借势，是一种有效的求变图存的智慧，更是一种工作哲学，关键是度的把握，谨记过犹不及。

3.5　这样的下属，走还是留

近期我们部门新招了一个前台，目前已经入职近一个月了，两周前感觉她不在状态，心思不在这。经谈话后给她换了岗，但还是没多大改善。又一次谈话，告诉她这种状态下去，有可能公司会让走人。现在态度有所好转，工作也稍微上了点儿心。这时候，老板过来说这种人赶紧处理掉，一个不合适的人不如不用。目前这个下属有点儿小改善，直接让她走心里真不是滋味。我该如何决策？

很多企业普遍存在这样一些现象：工作最大的功效不是去解决实际问题，而是成为一种展示；很多工作被一只无形的手推着前进，不是从本质上去开展工作，而是头痛医头脚痛医脚地疲于应付。

3.5.1　任职资格的重要性

当我们为了完成招聘达成率，谁还关注招聘质量？当我们为了降低所谓的离职率，谁会考虑人岗匹配？

部门招聘前台，任职资格是否明确？很多 HR 对此不屑一顾，他们津津乐道的是招聘技巧、渠道拓展、各种人才测评等工具。其实，任职资格的确立，可以有效解决企业“选择什么样的人”以及“人才培养的方向与路径和标准”等难题。

任职资格管理工作，本质是对员工能力的评估与认证。通过认证，可以明确其所具有的能力和级别，并为员工对应该级别的工作职责。通过该项工作，各级主管在进行绩效任务分配时，对应每一个级别的职责，能针对性的对目标对象进行任务分配，减少盲目性。

具体到前台岗位，要漂亮，还是亲和？要专业，还是态度？都可以通过任职资格来明确衡量标准。

综合而言，任职资格其实是招聘的参照，也是内部人才提拔、人才培养、员工发展等工作的坐标，如果运用得当，将推动公司的人资管理不断有序发展。

3.5.2 新下属的试用流程

入职当天，我会配合公司开展新员工培训，让其对企业历史、文化、发展前景、规章制度等有全面系统的了解，然后带其认识本部门同事，熟悉公司就餐等环境。

入职第一周，我会侧重岗位技能评估。如前台岗位，我会观察她的形象、礼仪、规范用语等基本条件，也会有意识了解她的电脑实操能力，如 Excel 功底、打字速度等。如果这些能力符合岗位要求，进入第二周；否则，辞退。

入职第二周，继续对岗位技能跟踪，同时加入工作态度、内外部沟通、执行力、时间管理等考核要点，做到每天一次沟通，每周一次总结。如果综合能力符合岗位要求，进入第三周；否则，辞退。

当然，以上这些要求，都属于显性特征，我会事先告知本人。如果你能力一般，又抱着得过且过的心态，被淘汰也没什么可遗憾的。

入职第一个月，我会有针对性地安排工作。如考勤统计，查看其是否细心公正；如晨会主持，挖掘其组织协调能力……通过具体事例深入了解其冰山之下的特征。符合要求，进入第二个月；否则，辞退。

没人愿意做一辈子前台，这些隐形特征，决定了你能走多远。如果缺乏必要的潜力，也不值得花费代价去培养。

3.5.3　招聘比培训更重要

有人质疑直接辞退的做法，认为太苛刻，没人情味。为什么不培训或转岗，多给下属几次机会？

我一直认为，人是最难改变的，尤其是成人，很多特质，如细心、亲和等，是与生俱来的能力，不在培训的范畴。

很多时候，我们可以改变一个人的胖瘦美丑，却对其身高无能为力。因此，我更愿意花精力去选人，而不是把部门当成培训基地。

随着需求的多元化，招聘似乎越来越难，有些部门甚至饥不择食，内部调岗开始盛行。于是我们经常看到这样的现象：行政去了人资，收银去了财务，保安去了仓库……这样的做法无疑是饮鸩止渴，一群不专业的人谈何人岗匹配？更不提因此导致的人工效率、人力成本的降低和浪费。

并非不能调岗，前提是你能胜任目前的工作，有值得培养的特质；否则，我为什么要再一次冒险，拿另一个新岗给你练手？

3.5.4　职场，是价值交换的场所

即使普通的前台岗位，也有自己存在的价值和意义。我只会看你能否拿出让人信服的筹码，而不会关心你付出了多少。

很难想象用“感觉不在状态”来评价新下属！不过换位思考，在这样无序的管理状况下，用“不合适”替代“不称职”，似乎也不那么让人难以接受吧。

新下属不称职，辞退还是调岗？不能一概而论。我个人更偏向直接辞退。一个企业更需要人岗匹配的专业性人才，而不是一群万金油。当然，在是否辞退的问题上，我们不得不考虑企业文化的影响以及老板的用人理念。

如果老板说：一个不合适的人不如不用，这样的人要赶紧处理掉！我们一定要避免陷入“谈话、观察、培训、调岗”的缓慢节奏。企业不是慈善机构，我们必须收起自己可怜的妇人之仁，不合适的人除了被淘汰，再没有第二种可能。市场处处充满竞争，适者生存的丛林法则，不仅适用于企业，也适用于每个员工！

第4章

同事的相处之道

有人说，职场如战场，没有永远的朋友，只有永恒的利益。同事之间，看似平静，实则暗流汹涌，深藏复杂敏感的人际交往玄机。与同事相处，是小心翼翼地保持距离，还是如朋友般亲密？我们如何才能触摸到同事交往的法则，与各种类型的同事相处融洽？

4.1　只有适度放弃，才会变得锋利

公司有一名 40 多岁的办公室主任，管理思维是典型的国企风格，工作喜欢推诿，经常背后议论别人，年龄和知识结构等都不太符合公司现行氛围。作为人资经理，我和他在工作上有交叉重叠的地方，碍于情面和辈分差异，很多时候勉为其难地和他保持合作关系，但工作中难免会感觉到不舒服。工作遇到这样的同事，该如何相处？

相信我们的职业生涯中，都可以找出几个“难以合作”的同事，他们善于简单问题复杂化，甚至无中生有，让你脆弱的小心脏备受摧残。

与“难以合作”的同事相处，从来不是一件简单的事。他们像一颗不定时炸弹，随时随地存在着爆发的潜在威险。我们无法逃避，只能面对，这其实很考验一个人的耐心。工作中，我们该如何与“难以合作”的同事相处？

4.1.1　了解他的前世今生

世界上没有无缘无故的爱，也不会有无缘无故的恨。一个人暴躁、冷漠，是内外因综合影响的结果。

与这类人打交道，必须事先做好功课，通过各种途径了解他的点点滴滴：有哪些禁忌，有哪些喜好……我们才能和谐相处。

“世界上两件事最难，一是把自己的思想装进别人的脑袋，二是把别人的钱装进自己的口袋。前者成功了叫老师，后者成功了叫老板。”我们

既不是老师也不是老板，只是普通同事。我们很难直接改变一个人的行为，但可以尝试去改变应对方式。

以前有位同事，人缘差，脾气怪异，很多人见他都故意绕着走。不幸的是，我们不仅同一个科室，更住同一个宿舍每天抬头不见低头见。记得他拒绝任何人来我们宿舍，当然也很少有人自讨没趣。

同事们对他敬而远之，我却无法效仿，否则不是水深火热，便是鱼死网破。我不得不包容他的各种缺点，努力融入他的生活：因迟迟得不到晋升而郁郁寡欢；身处异乡，很多时候都是孤身一人……接触久了，反而对他多了几份理解和同情。

春节排班时，我主动申请值班，把回家团聚的机会给他。他没说什么感谢的话，只是回来后偶尔会聊起家里的事：爱人开了花店，儿子在高中进步很大……不知不觉间，他对我似乎不像以前那么苛刻，有时候我们甚至会一起喝酒闲聊，很多同事都觉得不可思议。

与“难以合作”的同事相处，我们必须学会放下心中莫名的敌意，让他真切地感受你的善。其实，人与人之间，信任多了，挑剔就少；热情多了，冷漠就少；仰视多了，鄙夷就少；欣赏多了，矛盾就少……此消彼长，人与人之间的距离自然近了。

4.1.2　实力不对等，谈什么平等

与同事僵持的那段时间，各种小矛盾时有发生。有时候我会想，为什么只敢对我大呼小叫，遇见老大你还不是忍气吞声。于是感叹，还是自己份量不够。

我意识到：提升自我强大自身才是根本。虽然我们的相处越来越融洽，但我一直没有放松对自己的要求。

多年后，我们在遥远的异地重逢。他不再苛刻，热情地打着招呼，笑着说一些客套话，甚至有点儿讨好的意味。

莫欺少年穷！现在落魄，不代表将来一定平庸。世界一直在变，一个人的潜力是无穷的，谁也没有权利决定别人的未来。

这种方法虽然见效慢，但影响深远。我们建立信心、树立目标后，注意力自然会转移到你认为重要的地方。

当经验积累到一定程度，眼界自然开阔，对那些“难以合作”的同事，我们可能已经免疫。

4.1.3 保持良好的心态

同事之间出现矛盾，不是所有新人都会选择忍气吞声。还是这个同事，与经营部一个新来的员工，一言不合差点儿动手。

当时他们一起出差，因车的使用权针锋相对。老同事一如既往地强势，新同事正是血气方刚的年纪，眼里揉不得沙子……最后还是在司机的劝解下息事宁人。

面对“难以合作”的同事，保持良好的心态很有必要：不要试图去激怒他，也不轻易被他激怒。如果我们的情绪很容易被别人左右，只能证明我们的心智还很不成熟，将来吃亏的一定是自己，而不是别人。

良好心态是一种精神上的强大。不轻看任何人，无论他的性格如何偏激，职场如何不如意……每个人都有自己喜欢的生活方式，也许他的方式让你难以理解和接受。

试着接纳别人的缺点，是一种心态的修炼。宠辱不惊后你会发现，每个人都有值得学习的地方。

与“难以合作”的同事和睦相处，无疑会让上司刮目相看。和谐的人际关系不仅是一种生存的需要，更是工作、生活的必需品。

4.1.4 不要随意贴标签

同一个公司，同事间远近亲疏是很自然的存在。问题关键在于：如何应对这种“远近亲疏”的关系。

如果刻意给某人贴上“难以相处”的标签，这个标签会不会潜意识影响你的一言一行？最终激化那些看似微不足道的矛盾。

我们不会因为谁与谁关系密切或疏远产生什么异议。我们却逐渐发现，这种远近亲疏的关系开始因为共同的利益扩大化，甚至出现了营私舞弊、相互倾轧。

我们开始意识到，这种状况是优秀团队的大忌，也是一个团队瓦解分化的开端，甚至可能导致整个团队瘫痪。

“难以合作”的同事各不相同，我不建议给他们贴上某种标签，这个标签其实是一种敌意。“难以合作”的人往往比较敏感，或许你无意识的一句话，却为以后的关系埋下隐患。

有些同事看似“难以合作”，其实也有配合默契的搭档，只是很抱歉，你的打开方式不对。

当我们遇到不如意的人或事，不必沮丧懊恼，更不要一叶障目，自我设限。试着把眼光放远一些，打开自己的心胸和格局。

有时候，我们的人生实在太顺了。这些不如意的人或事，正如苦口良药，当我们经历过，感悟过，或许会发现，只有适度放弃，才会变得更锋利！

4.2　这种同事不绝交，留着过年吗

我们公司不大，为了隐瞒迟到，很多员工也是花了一番心思，有用指纹膜的，有用指纹套的……大家这么做的时候都不避讳我，都是朝夕相处的同事，我也实在拉不下脸来说什么。可是上个星期，老板发现一个员工迟到，一查考勤记录，发现他居然在上班前就已经打卡了，老板大怒，怪我办事不力，说让我尽快想办法解决考勤作弊的事，不然就要辞退我。一头是掌握命运的老板，一头是每天见面的同事，请教大家，我该怎么办呢？

作为 HR，经常在“人情”与“制度”的夹缝里左右摇摆，这个度的确不好拿捏。不过在“掌握命运的老板”与“朝夕相处的同事”间竟然犹豫不决，让我已无力吐槽。

4.2.1　不作为的后果

你的失职，你的不闻不问，直接助长了同事的嚣张气焰，考勤作弊已

到明目张胆的地步。如果你继续优柔寡断，必然引火上身。

迟到是有成本的，但纵容作弊的危害更严重！

真替老板庆幸，幸好你只是一个小小的考勤员，不是出纳员，更不是中高层领导。否则，某些人随意报销甚至以权谋私，老板要承担多少损失？

其实，这不仅是考勤或制度执行的问题，更是如何在老板与员工间寻求平衡的话题。而我注意到这样一个细节：为了不迟到，很多同事用指纹膜、指纹套打卡，这样的现象，让我联想到“职场垃圾人”。

4.2.2 社会负能量

一对情侣在餐馆，漂亮女友被隔壁醉汉吹口哨。男的抱着息事宁人的态度说：“反正吃完了咱走吧。”女的埋怨：“你怎么这么怂啊，还是不是男人？”男友说：“犯不上跟流氓较劲吧。”女的急了，骂完男的又过去骂那群醉汉。结果醉汉围上来开打，男的被捅三刀，在医院抢救无效，临死问了女友一句话：我现在算男人了么？

狮子看见疯狗赶紧躲开。小狮子问：“你敢和老虎猎豹争雄，为何躲避一条疯狗？”雄狮说：“孩子，打败一条疯狗光荣吗？”小狮子摇头。“让疯狗咬一口倒霉不？”小狮子点头。“既然如此，干嘛要去招惹一条疯狗？”

这段对话，折射出对待负能量最有效的方法——遇见负能量，赶紧躲开，躲远。

如果北京那位被摔的孩子妈妈知道这个定律，无疑可以避免本不该发生的悲剧！前段时间闹得沸沸扬扬的火锅店被烫伤事件，我想那位女士还在后悔吧。

社会上有很多这样的负能量。他们到处跑来跑去，身上充满了负面垃圾：沮丧、愤怒、忌妒、算计、仇恨、贪婪、抱怨……随着内心垃圾的堆积，他们终需找个地方倾倒。有时候，我们刚好碰上了，垃圾就往我们身上丢……

4.2.3　职场负能量

曹可凡在一个访谈节目中问著名诗人余光中："你是如何面对李敖的攻击，却从不反击？"

余光中幽默地答道："他一直骂我，我则保持沉默，这说明，他的生活不能没有我，而我的生活可以没有他。"

余光中用一句幽默的回答，既宽恕了别人，又释放了自己。回到职场，我们是不是也无奈地发现，身边不乏这样的"职场垃圾人"？

集体活动，一些人总能找出不参加的理由，随时随地散布负能量；遇到困难习惯性推诿，甚至信口雌黄找人背锅；擅长玩小团体，为达目的欺上瞒下不择手段，甚至恶意中伤；处理纠纷时，完全无理取闹，经常歇斯底里地叫喊骚扰威胁；更不用说那些滥用职权，以公谋私的小人了……

这就是标准的职场负能量，欺软怕硬、欺上瞒下、爱嚼舌根、以权谋私，还唯恐天下不乱！

用指纹膜、指纹套打卡的同事，其实就是职场负能量的雏形，如果我们不能第一时间将其清理，会存在两种直接后果：一是假以时日公司已是负能量当道；二是相关的监督管理者也被传染，变成了负能量中的一员。

4.2.4　职场负能量，遏制或清除

对于社会上的负能量，我们无须介怀，只要微笑、挥手、远离，然后继续走自己的路，一笑而过就好！千万别将他们的负面垃圾接收，再扩散给身边的家人、朋友、同事、或路人甲。一个成熟的人，绝对不应该让"垃圾人"接管自己生活当中的任何一天。人生短暂，不要将心思和精力浪费在这些事上！

对于职场负能量做的坏事，我们必须将其消灭在萌芽状态。

面对考勤作弊，你毫无原则地退让、纵容，这种不作为的态度，极大地助长了这股歪风邪气。如果第一次发现套打卡现象就立刻严惩，甚至辞退，还有后来的这些事情？

正是你的无动于衷，导致整个公司负能量遍地，最后你也被无奈地贴上了负能量标签。可见，对于职场负能量，如果不能灭菌清洁，就尽快清理，不要让垃圾成为主流。

我们面试，测评，背调……不仅为了发现应聘者的优点，更要挖掘其是否有负能量的经历或潜质；我们做培训，培育企业文化，营造工作氛围……是想以正压邪，让个体的负能量特质永无出头之日。

当我们发现某个负能量已经无法压制，最好的办法是及时清理，保证团队的清洁度。你可以说我残忍，但垃圾就是垃圾，人人都有清理的义务；否则，迟早有一天，你也会成为垃圾而不自知，难以摆脱被清理的命运。

4.3 抱怨有毒，小心传染

我们是一家小公司，行政人事就我一个人。因为几乎都是老员工，大家都很熟，所以平时也会开开小玩笑或者聊点儿家常。但是，有个男同事经常喜欢和人家唠叨，抱怨公司这不好、那不好，然后大家就一起跟着“吐槽”公司，负面情绪很多。对这样经常在公司抱怨的人该怎么办？

如果说幸福是一种能力，那么抱怨就是一种病，一种否定他人、同时也否定自我的心理疾病。

4.3.1 职场“祥林嫂”的鲜明特征

- 没有什么特定对象，看似说了很多，几乎都是废话；
- 不假思索，逢事必否定；看似孤高，实则多自卑；
- 一般属于鸡肋岗位，或郁郁不得志，没有存在感；
- 看什么都不顺眼，什么事也不能让他们顺心，不敢、不愿正视现实和自我；这类人很稳定，轻易不会提出离职；
- 没有担当和责任感，看问题很片面，总认为所有人都对不起他；
- 普遍欺软怕硬，你强他就弱；不闻不问，他就嚣张。

看到这些无休止的抱怨者，我总是联想到鲁迅笔下的祥林嫂，在生活里唯一能做的事就是不分对象、时间、场合，自说自话。适当的抱怨，有助于舒缓情绪，如果抱怨之外你什么都做不好，那无疑是一种病态。

延伸到职场，“祥林嫂们”不知感恩，没有快乐，缺乏包容和认同，整天抱怨不断，甚至充满戾气，好像全世界都欠他的。

4.3.2　职场“祥林嫂”的思维

对职场“祥林嫂”而言，目前糟糕的现状都是外因影响的，是命运的不公。他们基本处于无意识状态，随时随地，想到就说，张口就来，无需理由，不用依据，不去论证，更不会在意他人的感受，基本都是废话。

想从废话里去发现、改进、提高，无疑是痴人说梦；如果把个例当常态去通盘管理，必然事倍功半，甚至南辕北辙。

薛之谦有一个段子：“小时候觉得这个世界不公平，后来发现这个世界就是不公平。”他接下来说：“但是不公平是好事，它会让你更努力。”可见，想改变命运，抱怨是无济于事的。

职场“祥林嫂”从不反思自我，他们困在自己的世界中，只顾自说自话，听不进任何建议。

4.3.3　堵疏结合，疗效佳

职场是一个用结果说话的地方，如果整天抱怨不止，如何体现自身价值？将职场“祥林嫂”从无意义的抱怨中解救出来，是我们必须做的事。

从改善企业文化、工作氛围入手，让职场“祥林嫂”逐渐丧失生存的土壤。“祥林嫂”刚开口吐槽：“餐厅的饭最近……”立刻被打断。饭菜问题建议找行政部反映；最近那个谁老不按点……背后说别人坏话可不好，我认为当面提醒比较合适，你说呢？长此以往，应该会收敛很多。

从建立沟通反馈渠道入手，让沟通从无序到有序。如组织民主生活会，开展自我批评……通过零距离的沟通，使其深刻认识到抱怨的危害，其他人对抱怨的抵触、反感，短期内有立竿见影的效果。

公开透明的环境与氛围，是遏制抱怨的良方。你可以当着三五个人抱怨，你会当着三五百人抱怨吗？

规范的办事流程，严格的制度管理，让抱怨失去生存的土壤。上班时间禁止聚众闲聊，违者及时制止、批评，甚至处罚。只要“祥林嫂”一开口，你立即提醒：请不要谈论与工作无关的内容；如果内容负面，立刻上纲上线，公事公办，将其扼杀在萌芽状态。

从岗位匹配度入手，事实证明他不善于与太多人打交道，或许仓库类独处的岗位比较适合他，有机会不妨尝试调岗。

正与邪，光明与黑暗，总是此消彼长。对企业来讲，最好能够完全消除抱怨，将负面影响降到最低；不能消除，尽量边缘化，缩小其传播的空间。

面对不公平或困难，我们会无助、迷茫、失望……但不能一直消沉下去。有人及时调整，适应了新的变化；有人抱怨吐槽，停滞不前……可想而知，他们以后的人生会有怎样截然不同的结局。

4.4 “溜须拍马”，到底伤害了谁

我在公司做人事主管，半年前招聘了一个前台。目前这个前台的各种问题逐渐暴露出来，尤其善于向高层溜须拍马，但交待的工作经常一拖再拖，和同事关系也不好。我和老板娘提过几次，但老板娘觉得工作经验可以慢慢培养，不擅长处理人际关系也很正常！如何看待职场中善于溜须拍马的同事？

工作中拼什么？专业，心态，思维，还是人际关系？

很多人将自身的核心竞争力定义为专业，当然无可厚非。毕竟当前社会更重视专业对口、职称证书、行业沉淀……这样的方向错了吗？谈不上对错，只能说相对局限。

4.4.1 前台的“反常”行为

一个前台，你对这个岗位的定义是什么？需要具备怎样的工作技能？

需要与哪些同事保持良好的人际交往……或许是我太极端，我一直将大部分前台定义为美丽的花瓶。如果这个花瓶除了颜值，还有不错的情商，那相当完美了。

在你的眼中，这个前台问题很多，尤其善于溜须拍马。

第一个事情：老板娘身材有点微胖，她主动提出每天早上陪着晨跑减肥，老板娘欣然接受。

第二个事情：老板娘喜欢吃蜂蜜，她特意找人从老家寄过来野生蜂蜜，还一再强调这种野生蜜对皮肤有多好。

传说中老板娘比老板难缠，能得到老板娘的赏识，缺少情商绝对办不到。

4.4.2　“溜须拍马”到底伤害了谁

为什么这么一个高情商的花瓶，与老板娘形同闺密却依然得不到同事的认可？这里不得不要提到心态的重要性。

很多人把“拍马屁”作为趋炎附势的同义词，甚至抱着非常鲜明敌视的态度。一般而言，敌视等于羡慕，喜欢等于目标。不认同这种行为，往往是因为你不愿放低姿态。

面对领导眼里的红人，很多人习惯用阿 Q 式的心态安慰自己：“我是做实事的，我只要保持自己的本色，努力坚持就一定能成功。虽然最近老板娘和她走得很近，但我相信，时间久了，老板娘总会发现我的存在和价值。”

领导不是你肚里的蛔虫，如何了解你的一厢情愿？

我们身边从来不乏这样呆头呆脑、自命清高的同事，他们有这样一句口头禅：我只是把你“拍马屁”的精力用在研究专业上。

“拍马屁”与“干实事”，不一定因利益之争，才互相看不顺眼，更多的是价值观差异。“干实事”看不惯“拍马屁”的，“拍马屁”也不喜欢搭理“干实事”的。其实没必要针锋相对，毕竟每个人都有自己的处事风格：有人甘当和事佬，有人爱扮笑面虎，有人酷酷地做冷面人……没有绝对的好坏之分。

换一种思维，或许豁然开朗。“拍马屁”到底哪里错了？她既没有动你的奶酪，又没有散布你的谣言。本质而言，“拍马屁”其实等同于赞美，是一种愉悦别人的行为。一定要将“拍马屁”和歪曲事实、损人利己的小人行径严格区分。

4.4.3 专业，心态，思维，人际关系

工作说到底，拼的是什么？一招鲜吃遍天的观念已经落伍，专业只是基础要求。如何让专业最大限度地发挥作用，是我们必须正视并解决的问题。

有些岗位，像医生、研究员等，对专业要求非常苛刻，他们必须坚持在学习中不断提高；有些岗位，像财务、人资等，专业只是基础，职业中后期更多是心态、思维以及人际关系的比拼；至于前台、保安这类岗位，与专业的关联不大，更多的是对从业态度、敬业程度的要求。

一个人综合能力构成中，专业最多不超 10%，如果用 80% 甚至更多的精力经营这 10%，即使达到 100%，其实也只是 10 分；心态应该占到 20%，心态的修炼能让人事半功倍；思维占 30%，不怕做不到就怕想不到是最好的阐述；人际关系占 40%，你招的不是一个人而是一个团队，没有完美的个人只有完美的团队，要善于站在巨人的肩膀上……都说明人际关系的重要性。

相信很多人都有这样的心态历程：从嫉恶如仇爱憎分明到漠不关心，再到包容理解，这其实是一种更高层次的修炼。

参加工作初期，我们习惯用自己的价值观去衡量别人，于是对很多人和事无法容忍，并且明确地告知对方，我就是看不惯看不起你怎么了？中期是在困惑中前行，为什么晋升的是他不是我，明明我比他更专业更敬业，于是苦恼，万念俱灰，甚至失去前行的动力和方向。在这个修炼过程中，有人自暴自弃，有人深刻反省，有人坚持自我……因此走到最后，大家的层次也出来了，自暴自弃的可能还是个专员，深刻反省的一般都成了气候，

坚持自我的也小有成就。

说到底，工作不是学习，不一定非此即彼，黑白分明，拿满分的不一定是好学生。工作是综合能力的体现，在基础上浪费太多时间显然不是明智的选择，心态、思维、人际关系都是成功的助推器！

4.5　我不讨好别人，也不作贱自己

有这样一个同事，他对领导毕恭毕敬，领导说的任何话他都刻意逢迎；对下属却非常严厉，尤其是下属犯错，被领导批评的时候，他都把自己撇干净，将责任推给下属，所以在他手下工作的人也是敢怒不敢言。对这样拜高踩低的同事我非常反感，但还要经常和他打交道。我该如何跟这种同事相处？

赵启光在《电梯里的那一分钟》，将乘客分为四种：失败的乘客、正常的乘客、成功的乘客、超越的乘客。

失败的乘客：见领导不敢上或见领导偏上；

正常的乘客：见面说话也好，不说话也行，寒暄也好，不寒暄也行；

成功的乘客：给领导按电梯，留了个好印象；

超越的乘客：抓住乘电梯的过渡时间，实现人生飞越！

4.5.1　电梯里，你是哪种下属

有的人，遇见领导宁愿走楼梯；有的人，选择让领导先上；有的人，注重职场细节，什么都习惯与自己的仕途挂钩；有的人，选择避开领导，甚至患上领导恐惧症……

现实中，有这样一种人：对领导毕恭毕敬，领导说的任何话他总是一味附和，刻意逢迎，即使领导说的不对，也从不反驳。

领导喜欢这样的下属？可能不是所有领导都喜欢；领导讨厌这样的下属？讨厌的应该不会太多……凡事没有百分之百的绝对，假设领导讨厌某种行为，这种行为能够持续多久？

为什么你不喜欢这样的“拜高”行为？我大胆推测，你应该不是“拜高”类型。那么你是哪种类型？

见了领导绕道走，即使在电梯里遇到也装作没看见，这样的下属领导会喜欢？可能你在公司呆了五年甚至更久，领导依然记不住你的名字，更谈不上是否喜欢。

习惯与领导针锋相对，很多方案不是先执行，而是先质疑或抱怨。哪怕是良药，也不是所有人都能咽得下，何况这种让领导威信大打折扣的事情。

与领导亲密无间，不仅表现在工作中，更体现在生活上。伴君如伴虎，这样的距离，像正负的两极，成败只在一瞬间。

4.5.2　领导眼中的好下属

与领导相处，需要保持合适的距离，谨记过犹不及。在领导的眼里，哪种类型的下属最受欢迎？

1．善解人意

善于从领导的言谈举止中悟出其真实意图，然后坚定地贯彻落实，敢说领导想说而不便说的话，能做领导想做而不便做的事。

领导需要树立形象，很多时候会有各自顾忌。而下属，为了讨得领导欢心，过激一点儿，过分一点儿，甚至无耻一点儿，有什么关系？

2．踏实肯干

虽然你不是长袖善舞、八面玲珑的交际高手，但你踏实肯干，无论何时何地，永远是让人最放心的那个。

无论领导何时下达何种指令，你都会无条件地执行，哪怕全世界都在质疑，你也不管不顾。这样的下属虽然不善言谈，但用行动表明立场和态度，值得信赖！

3．态度积极

没有领导讨厌行动积极的下属，有什么指令总是第一个响应，从不讨价还价，更不会趁机要挟。

这类员工不仅个人积极，还特别容易带动其他人。即使面对临时安排的任务，也是服从第一，从不找任何借口。

4．作风严谨

有的下属不夸夸其谈，不吹嘘，不议论他人，做事严谨认真，又守口如瓶。这类下属很懂得与领导保持适当距离，心态很稳，不爱表现自己，属于部门的定海神针。

4.5.3　“拜高”与“踩低”

“拜高”是善解人意与积极行动的综合体。

为什么你对“拜高”行为反感？因为他的存在让你不舒服，甚至暴露出你的致命弱点，对你的地位产生威胁。

同样是不满情绪，表现却大相径庭：有人把反感写在脸上，体现在一言一行中，结果很快站在众人的对立面；有人把反感掩藏于内心深处，像背着行囊的蜗牛，活得很累；有人将此类人作为参照物，与自己形成互补……

与自己不喜欢的人打交道，考验的是心态和气度。同事之间，应该是一种什么关系？如朋友般亲密，还是保持适当的距离？

很多时候我们强调专注，然而在同事关系上，却总被他人的言行扰乱情绪，无法集中精力做自己。

我们身边不乏这样“踩低”的中层：对下属严厉苛刻，尤其当下属犯错，被上级批评时，从来都把自己撇得干干净净。

一个好的领导应该具有这样的特质：让员工尊重，而不是畏惧；以才服人，而不是以权压人；关心员工，而不是漠视；处置员工犯错，对事不对人；懂得指导员工，让员工成长；给员工发展的希望，适度提拔……

“踩低”显然不符合我们对“好领导”的要求。不过，换一种思维，好领导是一种稀缺资源，怎么可能唾手可得？顺境逆境，关键在于自己。

“踩低”型领导绝非一无是处。他的挑剔，让你养成认真的习惯。有时候，严厉不一定是坏事；有时候，逆境比顺境更锻炼人。

4.5.4 做最好的自己

每个人都有自己的活法，通向罗马的路从来不止一条。

我们常说眼见为实，耳听为虚。有时候，眼见也不一定为实。在没有深入掌握真相的前提下，我们必须学会控制自己的情绪。

除了上下级关系，还有一种同事关系，即平级之间的相处。一个优秀的职场人，不仅能够融洽地与上下级配合，更能在平级间左右逢源。

企业里，中层的任务、职责、权力、利益都有所差别。作为中层，我们要摆正自己的位置，了解同级职责权力的范畴，避免在同级相处中出现错位、越位或缺位，从而引发不必要的冲突。

作为中层，要有宠辱不惊、从容自如的心态。不因权力的增大，恃宠骄傲；也不因权力的减小，失魂落魄自暴自弃。部门之间只有默契配合，才能顺利地实现战略目标。因此，中层之间必须相互支持、信任、真诚合作，通过共同愿景的建立，以消除内耗。

我们无法苛求每一个中层都是好领导，但是可以要求自己，精通管理，通过良性竞争，取得真正意义上的进步与发展，真正变得强大起来，完成从将才到帅才的转变。

第5章

自我认知与定位

战略合作伙伴、变革先锋、基础管理、员工主心骨，作为HR，你正在扮演哪个角色？自我认知与角色定位，让我们客观了解自己所处位置，清楚什么事能做，什么事不能做，避免在摩擦和抱怨中“浑浑噩噩”，导致职业生涯贬值。

5.1 职场的四种境界

我在一家五十人左右的小公司，人力、行政都由我一个人负责。几乎全是事务性的工作，感觉我就是个打杂的，没人愿意做的工作都丢给我。这半年来，每天心情都不好，很是烦躁、压抑，与同事的关系也出现问题。我对 HR 的定位、认知出现了错误？我该怎么调整？

正像古典老师所说："我们最大的危险不是来自外界的压力与竞争，而是源于我们内心的模式，这些模式决定我们看到什么、感受到什么、如何思考以及最终成为怎样的人。"

琐事缠身、迷茫无助、烦躁压抑……这是很多职场菜鸟的真实写照。你有没有思考过：到底想成为哪种境界的 HR，需要具备何种特质？

5.1.1 HR 的境界之一：事务缠身，碌碌无为

公司小，人少，身兼数职，工作繁琐，整天忙得停不下来，感觉完全是个打杂的，没人愿意做的工作都丢给自己……

老板不赏识，领导不器重，几乎看不到任何希望，每天都在烦躁、压抑中度过，在公司感觉度日如年，同事关系也出现问题……

怀着一腔热血走出校园，走上工作岗位，很多人会这样想：我一定要做一项很有意义的工作，或者很感兴趣的工作。这种心态很可能让我们陷入上述现象而不能自拔：什么都干，什么都没干好；或者什么都不想做，只是无休止地抱怨。

这种现象最后产生两种结果：自暴自弃，离职；不满意，抱怨，自暴自弃，继续离职……各项事务都游刃有余，最后成为复合型人才，从杂到精。

遇到这种现象，其实不必迷茫恐慌。可以先做一些看上去“大材小用”，或者完全事务性的工作。

如果你能在一件事上做得比别人好一点点，不需要很多，你就有机会做第二件事；如果你做不好这件小事，甚至压根不想做，如何抓住稍纵即逝的机遇。这个世界上没人喜欢你的抱怨，只关注你呈现的结果。因此，你只需要在某一方面，比别人好一点点，你就有成长的机会。

5.1.2　HR 的境界之二：环境畸形，处处受限

公司中等，人员过百，算是不错的平台。公司有制度和流程，却总是形同虚设，处处受限，无从发挥……

整天担心不签劳动合同的风险，操心未缴纳五险一金的不良后果，违心地辞退怀孕员工；或者纠结于如何将“加班免费”合理化……

作为 HR，没有自己的思想，完全听命于老板的指令；人资被行政化、边缘化，被老板视为包袱；员工感觉不到 HR 的存在……这类现象是否似曾相识？

在人资学习群，讨论最多的永远是此类问题：怀孕女员工的辞退；不缴纳社保的风险规避；调岗没商量的无奈……这类问题最正确的解决方案只有一种：按劳动法执行！

畸形的环境中，HR 的发展也逐渐偏离正常的轨道，这是需要警惕的事！随着信息透明度不断提高，这类 HR 的生存空间将进一步被压缩。如果你无法做出改变，只是被动接受，又谈何成长？

5.1.3　HR 的境界之三：与时俱进，专精管理

不错的平台，规范的环境，有清晰的计划与目标，HR 的工作被老板视为有价值的管理活动。唯一遗憾的是能力可能无法匹配企业需求……很多人是不是正在这个境界徘徊？

企业看的是利益和价值，仅凭忠诚远远不够，我们必须有持之以恒的价值输出。具体到薪酬、绩效、培训等模块，如果你既没有理论基础，又缺乏实操经验，如何保证制度的合理性？

工作不是照猫画虎，邯郸学步。每一个制度的背后都有战略和企业文化的影子，更是无数工具和专业书的积累。以薪酬设计为例，至少涉及到企业战略、行业特点、薪酬策略、薪酬前期宣导、薪酬调研、职位评估、职层排序、薪酬数据分析、薪酬管理运作体系设计、福利设计、薪酬结构设计、薪酬成本测算等环节，而不仅仅是几页纸的制度。

记得 HR 闲聊时曾讨论过这样一个话题：曾经的你去现在的公司应聘，被录用的概率有多大？很多人都感慨地摇摇头。

你可以不成功，但不能不成长。在某个时期，你会达到一种平衡或瓶颈。如果你足够努力和坚持，平衡或许转瞬即逝，被迅速打破；如果你缺乏行动、信心，可能被瓶颈制约，甚至被无情淘汰，毕竟好平台的竞争无处不在。

5.1.4 HR 的境界之四：战略格局，体现价值

公司发展良好，相对规范，HR 可以关注自己想做的事，做专业的事：参与公司战略的制定过程，编写配套的 HR 战略布局，并据此完善 HR 制度、流程，激励体系；尝试关注人工成本，优化组织架构；设计培训大纲，搭建人才梯队……

这时候 HR 开始站在企业的经营高度来审视、运作 HR 全程业务，能够真实、科学地评价人力和人才对企业的作用……这样的 HR，有无限的可能性。

HR 的成长是一个不断发展的动态过程。从全包全揽、碌碌无为的入门，到不规范缺乏话语权的纠结，再到有平台有发展的专精模式，最终成为真正意义上的 HR。

HR 的发展呈螺旋式的上升，只有胜任当前的工作，才有发展的可能。成长是无止境的，生活中有很多事难以预测，唯有成长可以把握。我们再努力也不可能成为刘翔，但我们仍然可以享受奔跑的快乐。

也许会有人或环境妨碍你的成功，却无法阻止你的成长。换句话说，这一辈子你可以不成功，但是不能不成长。因此，无论在哪个层次，都坚持学习吧，这是提升境界的唯一捷径。

5.2　HR 到底如何定位

今年研发部员工流动较大，一些老员工都纷纷请辞，截至目前，三十几个人的团队已经离职了十几个。我私下了解过，这些员工对部门经理的管理风格意见较大，反映其公私不分、分工不合理、不为下属争取福利、爱骂人等。为了人员的稳定，我该如何帮助研发部经理提升管理技能，改善管理风格呢？

研发部等偏技术型的管理者，他们的优势是专业能力过硬，有定海神针的作用。管理方式习惯用技术说话，相对简单粗暴。作为负责人，他们只要结果而不会去考虑员工的感受与心理承受能力。

这种管理风格，如果在七八十年代，应该很有威望。但放在今天，却很难得到员工的认同。员工也简单，对于不认同的管理者，也不会给你提什么建议，转身离职时最干脆也是最直接的方式，也算是另类的。

5.2.1　管理能力与管理风格

员工的陆续离职终于引起人资的重视，HR 微服私访，了解民情，找出症结，并充分利用“发散思维”。既然管理是软肋，我该如何帮助研发部经理提升管理技能，改进管理风格？

对技术性人才进行“管理综合能力提升”培养，快速提升他们的管理能力，听上去似乎是个不错的方案。

我们知道，每个人的管理风格都受到成长环境、学习环境、工作环境等众多因素的影响，很难随意地切换或改变。

李云龙可以说是“以暴制暴”的代表人物，想改变他的风格容易吗？根本不可能！战争结束后，李云龙被派到南京军事学院进修，几年的系统学习，他几乎没什么改变。因此，不要试着去改变一位像李云龙一样的部门主管的行事风格。

管理风格可分为命令型、教练型、支持性、授权型等，在我看来，没有最好，只有最适合。何况，管理风格也必须因人而异、因时而异、因事而异、因地而异、因势而异……总之一句话，管理风格必须适合企业和员工的现实情况。

5.2.2 HR 的发展趋势

很多 HR 有这样一种心态：既想把自己完全撇清，又想高人一等地指手画脚。昨天还在抱怨人力资源部是一个服务部门，内勤部门，甚至打杂部门；今天却欲与 CEO 相提并论，准备提升他人的管理技能和管理风格。

就事论事地讲，部门人员大规模离职，与人资部是否有关？部门负责人公私不分、分配不均，与人资部是否有关？

稍微延伸一下，员工福利与人资关系是否紧密；企业文化工作氛围与人资关系是否紧密；部门负责人的管理考核与人资关系是否紧密……

HR 千万不要做手电筒和放大镜，只会紧盯或放大别人的缺点，唯独对自己的问题视而不见。与其去提升别人的管理技能，改善管理风格，不如先从自身做起。

普通 HR 只是人力资源管理体系的执行者，只在人力资源部门发挥作用，虽然也掌握一定的专业知识，但往往局限于某一方面，广度与深度明显欠缺，摆不正自己的位置，心态比较极端，很想通过一己之力扭转乾坤。

随着互联网的发展，对 HR 的定位越来越综合，他们不仅是人资，还可以是业务伙伴，熟悉业务，参与制定业务计划，并监督业务计划的有效执行；又可以是领导者，发挥影响力，协调平衡企业内部的各种关系；必要的时候，人资又是变革推动者，协助企业管理高层，有效规划未来和应对变革，并在人员配备和培训上为变革提供有力支持。

这样的定位，要求人资必须培养战略意识，拓宽视野和思路，高瞻远瞩，为企业的长远发展出谋划策。

5.2.3　员工离职，HR 可以做什么

我很反感你用“私下”这个词。员工离职，你私下了解，难道离职面谈不属人资部的本职工作？

用人部门出现离职潮，不仅与用人部门有千丝万缕的联系，更与人资部密不可分。因此，作为 HR，我们不应该抱着帮忙的心态，去提升研发部经理的管理技能，改善其管理风格，而应该明确自身的职责所在。

造成今天这种局面，人资部应该承担怎么样的责任？心态不同，看问题的角度就不同。不同的心态，不同的角度，在与部门的沟通中会产生完全不同的结果。

用人部门员工离职，经理有直接的不可推卸的责任。如骂人、工作分配不均、公私不分等，用这样简单粗暴的方式去管理研发部这群技术男，显然不合拍。

为什么离职会集中到今年？而不是前年、去年，甚至老员工都纷纷离职？

这需要人资部搜集数据，做员工离职的精准分析。离职这件事，不仅是研发部经理的问题，更与整个市场大环境有关，与企业的各项政策有关。无论任何决策，我们必须用数据论证，用事实说话，切忌想当然。

员工离职潮反映出人资对员工离职缺乏动态管理。

员工离职，不仅与管理风格相关，更与企业文化缺失、工作氛围不佳、福利不如人意等密不可分。这些问题，需要人资花大力气去解决，而不是简单地帮助别人提升管理技能和风格。

从研发部经理的管理风格到一系列表现，从员工的抱怨到离职……人资部可以发挥哪些作用？

面对研发部经理简单粗暴的管理方式，人资部可以发挥绩效管理的导向作用，规范其言行；可以有针对性地组织培训，提升其管理意识和能力；可以建立顺畅的沟通渠道，让员工畅所欲言……

公私不分、分工不合理，是管理中的比较难解决问题。是否可以通过

明确岗位职责，改变绩效分配方式，进行合理引导？

对于福利，人资部是否有整体的福利规划或弹性福利政策？还是对各部门的各种不规范行为听之任之，对员工的诉求无动于衷？

而随意呵斥员工等现象，其实涉及到企业文化、公司氛围等话题。如何加强团队的凝聚力，激发员工的正能量，是人资部必须考虑的事！假设这些工作人资部运转的相对到位，还会有研发部经理的一系列行为？

管理有很多的技巧、方式、方法，不同的风格匹配不同的环境和阶段，没有绝对的好坏之分。HR 必须端正心态，从业务和专业的角度出发，去影响和帮助他们，才能发挥出应有的价值。

5.3 其实，管理与服务是一回事

我最近进入一家集团任职 HR，入职后被分配到集团下一间直营学校。我开始运用以前的经验，从离职入手，做一些规范管理的准备工作。可是，当我做好制度，拿去找领导过目时，领导并没有看，而只是说：不要给老师们添麻烦，我们是为她们服务的。这让我感觉很失望，工作的心情都没了，甚至觉得在这里人资完全不受重视，要不要换一份工作。我该如何开展工作？

史立华老师说：“在我看来，HR 的定位，不是服务，也不是管理，而是业务，这是所有工作的核心。如果你的岗位不能用业务的思路去做，那这个岗位，就会沦为事务部门；如果你具备了管理意识，就能做好二线的部门管理。真正的 HR 部门，表面上履行的是管理职能，真正做好的，是具备了业务的思路。”

王祝灵老师说：“我理解的服务不是伺候，不是监督，也不是管理，服务就是努力做好自己的业务达成真正的服务。”

5.3.1 HR 的双重角色

关于 HR 定位，两位老师不约而同地提到一个关键词：业务！的确如此，管理本质是服务好业务部门。作为 HR，我们既要有管理思维，也要有业务思维，更要具备事务思维。能用事务思维做好的，就用事务思维，解决不了时用管理思维，迷茫困惑时用业务思维。

很多 HR 都有过这样的无奈：用人部门不配合，对制度、流程不理解不支持，导致自己工作无法推进。

如果你所谓的管理工具、专业技巧等，不被业务部门认可，无法为业务部门发展提供支撑，那么这些工具或技巧只是你得以安慰或炫耀的噱头罢了。

管理是一种行为，主体、客体、目的缺一不可；服务是一种意识，实质上就是对自己岗位角色的理解和把握。人力资源管理的选、用、育、留，本质都是服务：为人才服务，为用人部门、为组织服务。

HR 既有管理职责的一面，又有服务职责的一面。很多时候，HR 必须扮演双重角色，哪一个角色扮演不好，都会给工作带来损失。

5.3.2　空杯心态

HR 如果运用以前的工作经验，做一个制度流程的搬用工，看似快捷，却没什么实效。其实，你犯了如下错误：

- 第一个错误，认为现有工作内容只是简单的杂事，没有给予足够重视，一心想做些规范管理的事。
- 第二个错误，没有与领导有效沟通，从实际需求出发，而是直接照搬以前的经验，想当然地规范离职。
- 第三个错误，得不到领导的认可后，缺乏反思，产生消极心态，甚至考虑要不要换份工作。

很多新入职员工都有这样的口头禅：我们以前是这样做的，不是这样做的……经验主义以及思维定势让新员工很难接纳公司的企业文化，如何快速融入公司？

与其好高骛远，不如把简单的事做完美，把杂事做精，殊途同归，你仍能在 HR 岗位上体现出自身价值。

对于正在适应新环境的 HR，我的建议是保持空杯心态，随时对自己拥有的知识和能力进行归纳和清理，为新知识、新能力的进入留出空间。空杯心态是永远不自满，永远在学习，永远在进步，永远保持身心的活力。

5.3.3 服务与管理的权重

你可能忽略了一个重要的背景因素：公司处在改革期。这时候，任何一个制度的变化都可能引起震动或混乱。很多时候，积极主动是好事，但方向错了，做比不做危害更大。

相比之下，你的领导还是清醒地意识到目前学校最急需解决的问题是什么，以及需要提供的支持。只是不以为意的态度，让你深受打击。

为什么你选择从离职入手而非招聘？从经济学角度分析，你的投入不会有多少产出；用业务思维来讲，你显然拿错了产品。

不同阶段，服务与管理的侧重点也不同，你们领导显然深知这一点，因此他并没有看你辛苦做出的方案，而是对你说出不看的理由："不要给老师们添麻烦，我们是为她们服务的。"可惜的是忠言逆耳，你并没有听进去。

5.3.4 管理的本质仍是服务

在你看来，管理与服务似乎是相互独立，甚至对立的。你喜欢"管理者"角色，对"服务者"有下意识的抗拒；你认为自己是管人的，而不是"伺候人"的；你认为 HR 无法发挥管理职能，是不被重视。

从深层次角度分析，管理与服务密切联系、相互结合。我们在工作中常常经历，但不一定有意识。如招聘，做好整个企业的招聘规划、制度、流程等是管理，为生产各部门提供合适的人员是服务。其他如培训、员工关系、薪酬绩效等更是如此。

以招聘为例，管理其实是为生产等部门服务的，管理的目的是为了更好地为生产部门提供优质人才。从这里我们不难看出，管理本质上仍然是一种服务，管理是为了更好地服务。HR 必须做好管理和服务这两种角色的协调与切换。

5.3.5 学会换位思考

建议未被领导采纳，就开始失望、失落，失去工作热情，甚至生出“要不要换一份工作”的念头。

试问，以这样的心态应付工作，即使换一家公司，你能保证不会重蹈覆辙，再次生出离职的念头？离职不应该成为逃避问题的捷径，这样只会让你更迷茫、颓废，陷入负能量循环。

为什么被领导否定建议后，你没有自我反思，去改进自己的工作思路，而是一味地抱怨环境？其实，除了客观环境的影响之外，更多的困扰来源于自己的思维模式。

这时候，我们不妨换位思考，站在对方的立场上考虑问题，很多所谓的难题都将迎刃而解。帮别人解决实际困难是一个人职业操守的体现，更是服务意识的提升。

与其纠结于 HR 的定位是管理还是服务，不如抱着空杯心态快速融入公司，找准公司现阶段变革的需求，多向领导虚心请教，保持积极心态，注重投入与产出比，从而体现出自身价值。

5.4 剖析自我，找寻属于自己的坐标

昨晚与几个同事喝酒时谈到求职跳槽之类的话题，聊来聊去，也没什么结果。我知道，无论什么时候，做决定的都只能是自己，别人的意见，只能仅供参考。关于跳槽，你是否也有同样的感悟？

求职、跳槽、职业规划……本质都是一种选择。有时候只有先“舍”，才能“得”；但更多时候，我们必须深刻剖析自我，才能找到属于自己的坐标。

不要为了逃避问题而选择跳槽，任何企业都有问题，只是问题不同而已。如果盲目跳槽，很容易让职业生涯贬值。

5.4.1 遵循自己的内心

发展平台，工作氛围，薪资待遇……几乎都无可挑剔，虽不是传说中的钱多事少离家近，也让很多人羡慕不已。不少朋友都以为我会在这家上市央企一直待下去，但最终我厌烦了无休止的出差，选择回到家人身边，做起朝九晚五的上班族。

求职的过程实在纠结。虽说工龄十余载，但跳槽还真是头一遭。一般人选工作，会考虑行业的延续性、平台规模等要素，而我反其道而行，完全从兴趣爱好出发。

顶着上市央企的名头，我的选择余地相对充足，但依然左右为难：全国连锁的家政集团，离家超级近；多元化的商业集团，薪酬福利诱人；一家国企改股份制的公司，似乎有无限的活力……

目标决定方向，而方向决定结果。最后，出乎所有人的预料，我遵循自己的内心，去了一穷二白的创业公司，只因能满足换行换岗的任性，有更多尝试的机会。

经过三年的发展，公司从创业初期的十几人到如今的三百余人；从单一的基金公司发展为集金融、服装、航空票务、房地产等一体化的集团公司……我更是在财务总监、行政人资总监、董事长助理、副总等各个岗位之间随意切换，不断地丰富着自身。

之所以再次选择离开，因为我似乎可以看到二十年后的自己，这显然不是我想要的。我想迎接更大的挑战，而不是直接进入准退休状态。

5.4.2 苏格拉底的麦田

职业发展总有规律而言。前几年完全是打基础，要牢固，后几年主要是带团队，做管理，要扎实。如果在打基础的周期内到处跳槽，很容易导致根基不稳。

跳槽，像苏格拉底的麦田，一直往前走，不回头，如何才能摘到最大最好的麦穗？职业规划不同阶段有不同目标，不仅是岗位的变化，更有知识技能掌握目标，能力目标，薪酬目标等。

跳槽时，度的把握很关键。如何通盘审视，寻找坐标？我认为，不必人云亦云！遇到适合发展的企业一定要当机立断，第一时间选择属于自己的那束“麦穗”。千万不要左挑右选，得陇望蜀，结果事与愿违。

跳槽其实是坚持和选择的统一。“坚持”和“选择”，看起来像两个极端，实际上又有协调统一的一面。坚持是对一个人意志和品德的考验，选择是对一个人洞察力的检验。选择离不开判断与比较，离不开对自身的定位。只有志向明确，深思熟虑，选择才可能正确，达到预期的跳槽效果。

5.4.3　剖析自我，查漏补缺

在董事长眼里，一名优秀的高管必须具备资本运作能力、管理能力、运营能力！我沮丧地发现，财务出身，有金融行业背景，具备一定的资本运作能力成为我唯一的优势；管理经验欠缺，还处于摸索阶段，尚有很大提升空间；虽然在行业沉淀了十余年，但不得不承认，其实我的运营能力仍很薄弱。

与 Philip Teal 老师的长谈让我收获颇多，我第一次意识到自身存在的问题，即在财务、人资、行政、运营等方面虽然都达到一定的高度，但缺乏有效的融合。

最近几年，我对运营有了更深的了解，也实际操作过一些项目，越发意识到人资与运营的共性。

工作中，我尝试把运营与招聘、离职等内容有机结合。运营让我意识到资源的有限性，招聘效果如何评估，难道仅看招聘结果？通过系统地统计，如简历投递量，面试邀约量，初试量，复试量，直到最终的录用人数……

这样的数据统计以及分析，让我清楚地看到与招聘环节相关的转化率，个人在招聘中的作用或缺点都一目了然。这样的过程数据，同招聘结果一起，作为招聘专员绩效考核的一个方向。

用运营的思维做人资，我们不仅关注结果性指标，更会将重点放在过程指标上。我们要的是如何增加人资各个环节的黏性，从而提高转化率，找到让结果越来越好的途径。这样的融合，将是今后工作的一个方向。

剖析自我很难，塑造一个好的自已更是难上加难。因为看别人时，我们往往戴着“有色眼镜”，而剖析自己时，则用“显微镜”或“放大镜”。一个人，如果对自己和社会负责合理定位，找到适合自己的坐标，成功不会太遥远。

5.5 逆向思维看人资转行

自参加工作以来，一直在零售行业从事人力资源工作，到目前为止，已有七八年了，人资各方面工作都接触过。有时，会感觉人力资源工作很琐碎，非常累心，经常萌生转行的念头，但是又有很多顾虑，担心转行后不能适应新工作，担心薪水会比现在低很多，一直徘徊不前。请教大家，HR 转行能做什么？HR 未来的出路在哪里？

有次闲聊时我曾提过：“人资的门槛很低，低到超出你的想象。”

如果留意我们的周围，你会发现这样一种现象：财务、销售、IT、前台、行政等各种转人资。最奇葩的是，单位的厨师心血来潮，跟着一群人资考二级，竟然顺利通过。看来，厨师也是可以转人资的。

如果我们换一种思维，人资可以转什么岗？

在《2016 中国 HR 生存发展现状》白皮书中，有一张 HR 转型方向统计表，其中排名前三的分别是：培训师 27.8%，总助 / 董秘 18.2%，咨询师 18.0%，此外，猎头、销售，以及创业等方向，也是 HR 的热门选择。

5.5.1 人资转行财务

人资一直对财务耿耿于怀，作为老板的左膀右臂，财务的风头竟然盖过人资，这还了得？不如转行财务，玩一回无间道。

人资转行财务，最大的门槛是执业资格证。财务无论学历高低，只要有一点儿常识的单位，都要求持证上岗。虽然我们常说，学历和证书不代表能力，但关键时刻，缺了这个敲门砖，还真会吃闭门羹。

何况，财务与人资，不仅是专业的跨界，更是性格的两极。财务要求严谨，性格能收得住；人资要求更多元化，一直在学律师、财务、记者、工匠等职业的优点……如果一名 HR，收到人资转财务的求职简历，你会施舍个面试机会吗？

5.5.2　人资转行 IT

曾经有段时间，IT 男是苦逼的代名词，永远不修边幅，昼夜颠倒；也有一段时间，IT 男又成为金领新用户。

周围不乏从 IT 转行人资的，混得风生水起。他将 IT 与人资有机结合，针对招聘、员工关系、薪酬、培训等模块编写了不少实用小软件。这些软件，可以看做人资信息化的雏形，将他从繁杂的事务性工作中解脱出来，很大程度上优化了传统的工作方式。

IT 人员的转行，促使知识边缘化的进一步碰撞。

人资转 IT 等技术类岗位，难度依然很大。无论财务还是 IT，对专业知识的要求都比较苛刻。想转 IT，估计自己都不知道该如何写求职简历吧。

5.5.3　人资转行行政或管理

人资转行行政应该是截至目前可行性最高的，毕竟很多单位本身行政人资不分家，或分工不明确，人资几乎兼职行政。

这个可以转，但缺乏挑战性。

有时候也可以稍微变通一下，转行董秘、总助之类的岗位。只是这类岗位两级分化严重，有可能是个综合打杂的，也可能是个高层管理。

人资即使做到总监，还属人资范畴。但也有一些人中龙凤，突破总监的瓶颈，上升到副总的高度，眼前顿时一片开阔。

这是一次可遇不可求的转行，也是一次冒险。当然，不是谁都有冒险的资格。这个转行的受众面小，很难大规模复制。

5.5.4 人资转行运营

人资与运营，其实有很多相通之处。

运营关注企业运作的每一个过程，对企业的实际情况进行分解、分析，使企业的产品和服务得到改善，达到客户百分百的满意。

运营常用工具都是 HR 耳熟能详的：绩效评估、流程图、最佳实践信息和标杆管理等，最终目的是提高品质和效率，并尽可能地缩减成本。

为什么运营受到老板的追捧，而人资却逐渐没落？最关键的区别在于：人资偏形式，而运营重结果！

一个优秀的运营，具备以下思维：流量思维、品牌思维、竞争思维、商业思维、营收思维、战略思维、用户思维……

以招聘为例，人资关注的是信息是否及时发布、招聘任务有没有如期达成；而运营则把重心放在如何提高简历投递量、如何提升招聘转化率……

很多人资跳槽随意，换工作频繁，甚至在不同行业间任性切换。职业生涯初期弊端还不明显，随着职业生涯的发展，将遭遇严重的瓶颈。因为越是高层，越看重行业沉淀。

5.5.5 人资转行的终极猜想

人资其实是销售高手，不然怎么“买卖”人口……保险公司的销售，不少是人资转过去的。的确，人资有丰富的谈话经验：面试要谈，离职要谈，绩效要谈，晋升也要谈……不过，这个谈话能与销售划等号吗？

人资负责组织生日会、运动会、年会等大大小小的活动，做策划功力深厚；人资写各种通知、报告、专业论文等长长短短的文章，有做文案的潜质；人资从招聘绩效到离职，都离不开面谈，谈判能力这么强，是块儿做公关的料。

脑洞大开，不再自我设限。于是又挖掘出新的转行方向：可以挑战婚礼主持，因为经常主持培训，口才一流，又不怯场；可以尝试编剧，因为经常写各种汇报材料，年度总结，功力深厚，又轻车熟路；可以客串算命先生，因为阅人无数，熟知心理学……

人资转行的方向到底在哪里？不是因为你在人资岗位就可以转财务运营管理销售……而是你具备转行的能力，否则谈转行只是一厢情愿。

转行无非是两种。一种是人资领域实在混不下去，抱着树挪死人挪活的心态，出来试试运气，说不定换个环境，因此如鱼得水；另一种是人资做得足够优秀，静极思动，想挑战更高的岗位，或跨行证明自己。第二种转行，一般都不会突兀，而是有计划地进行，转行自然是水到渠成的事。正在为转行苦恼的 HR，请问你属于哪种情况？

如果在人资领域碌碌无为，凭什么别的行业要成为你的试验品？如果因为优秀而转行，我想应该有自己的规划，不会为出路担心。

一个人，如果一直不清楚自己的职业发展方向，不能不说是一种悲哀。别人给你的永远只能是选择题，最终答案取决于自身，任何人都无法替代。

第 6 章

初入职场的困惑

初入职场，角色转变的不适期，免不了磕磕绊绊，甚至失去方向感。当面对公司经营危机、领导的否定、同事的不配合等烦恼时，更容易陷入职业生涯的困惑与迷茫。职场有很多生存法则，不是写在员工手册里，而是经历过才能大彻大悟，最终完成破茧成蝶的蜕变。

6.1　激励出来的才能长久

我们是一家设计公司，由于近年建筑行业不景气，受影响的企业很多，我们的生意一直不太景气。半年来公司几乎没有回款，老板想尽各种办法筹钱给员工发工资。各位同事也表示愿意与公司共渡难关。前段时间老板下令劝退了两批员工，现在开始有点儿人心惶惶了，大家做事都提不起精神。老板要求我们不管用什么办法都要提起大家的积极性，可是和员工谈话后也没有明显的改善，现在我不知道该怎么办了。请问，公司经营不善，HR 该如何调动员工的积极性？

当世界变化的速度超出我们承受的极限时，未来的不确定会让我们失去方向、束手无策，甚至痛苦不堪。

很多人都在说经济不行了，觉得这个不好做，那个不敢做，整天唉声叹气。这种悲观的情绪很容易像病毒一样传染，让人失去斗志。

6.1.1　小公司与大环境

经济低迷是今年谈得最多的话题之一，看着周围的企业裁员、降薪甚至倒闭，你是什么感受？当你所在的公司经营不善，你又会如何选择？

不要敷衍地给出答案，我更希望听到你发自内心的想法。我需要每个人像看 3D 电影一样，身临其境地去感受、分析，从而提炼出有意义的见解。

宏观经济，与我们的关系到底有多大？为什么经济不景气，很多企业仍稳步增长；市场大环境不好，新企业依然如雨后春笋？实际上，企业是微观经济，宏观经济不好，像曾经的金融风暴，对小公司的影响并不大。

小公司的确有很多弊端：处于食物链的底部，看别人脸色而活；员工普遍年轻化，凭技术吃饭，相对简单直接……

弊端之外，我们更要发现小公司的优势：船小好调头。一个弱小的公司，任何变化都可能成为突破的良机。经济低迷期，也是公司发展的最佳时期。

6.1.2 安全感与激励

应收账款持续无法收回，意味着现金流会比较紧张。但老板一言九鼎，无论资金如何短缺，从未拖欠过一分工资……

市场的大环境，员工心知肚明；企业的处境，大家一清二楚；老板的为人，每个人更是心中有数……因此，选择与企业共渡难关，并不意外。

员工工作积极，配合默契，完全不计较个人得失，经常主动加班……如果保持这种强劲势头，公司未来可期！

然而，一手好牌出人意料地被打烂：公司竟然开始裁员！

坚守的员工慌了神，顿时如泄气的皮球，再也没了工作激情。原来想共渡难关就可以一心扑在工作上，去留还得老板点头。

长此以往，企业结局不难预料：员工安全感缺失，纷纷离职，留下的只是因为实在无处可去。人心涣散，工作消极，甚至出现偷接私活的现象……

应收账款无法收回，甚至成为呆账坏账，工资照发；老板连续劝退，员工依然选择坚守，精神饱满地迎接下一次裁员……

这样的剧本，确定不是天方夜谭？

员工什么情况下会选择坚守，如同女人什么时候会选择一个又穷又看不到未来的男人，都是神奇的小概率事件。

员工找工作，会选平台，看发展，了解薪酬福利……总而言之，需要一份安全感。没有安全感，哪来的积极性？

调动的积极性，会转瞬即逝；想要持续，必须合理激励！

6.1.3 如何扭转乾坤

1. 定期开经营分析会

经济低迷期，员工比任何时候更关心企业发展趋势。老板在经营低迷期的战略规划，阶段目标，实施步骤，效果结果……每时每刻都拨动着员工的心弦。

经济低迷，经营不善，员工是迷茫的，没有安全感的。身边的人纷纷被裁，除了惶惶不可终日，总想抓住一根救命稻草：公司下一步会如何发展；下一个被裁的人会不会是我；我到底是走是留……将心比心，这时候谁有心思工作？

空泛的调动，不如了解员工的关注点，让大家出谋划策，积极参与。经营分析会，是带给员工希望的分析会。如应收账款的回收进度；新承接项目的大致介绍；成本的合理控制……比起形式化的宣导，员工更希望听到这样实实在在的信息。

2. 树立典型，用氛围感染人

做技术的人是简单又固执的，设计也不例外。在这样低迷的大环境下，如果能多树立几个榜样，营造良好的“比学赶超帮”氛围，打造积极向上的企业文化，同样能带给员工正能量。

这样的渠道很多，几乎不需要任何成本，何况又是搞设计的，完全可以挖掘身边的正能量，引导员工以积极的眼光，看待周围的人和事，从而感染更多的人。

3. 工作成果展示

行业不景气，员工除了无奈，还有无助，他不清楚自己的价值在哪里，不知道在企业处于什么位置。我们通过工作成果展示，让员工对自身业绩有一个正确的判断，激发其荣誉感和积极性。

当然，成果展示绝对少不了物质激励，如首单奖、团队 PK 等奖励，通过多种形式的激励措施，让员工与企业的发展紧密相连。

最后剧本应该是这样的：企业现金流紧张，依然按时发放工资；员工表示坚守，老板连续劝退；员工参与经营分析，关注企业动态变化，精神饱满；榜样带动，个人成果展示，荣誉感爆棚；员工精神饱满，业绩接连突破……这样的剧本堪称逆天。

6.2　这算什么危机，否定而已

我毕业三年，在广州一家公司做人事行政专员。前几天，公司开会准备规范物料采购监控流程，财务主管说了一套方案，老板非常赞同，叫我草拟出来，准备实行。我写完以后，老板直接说，这样拿给没开会的同事能看懂？我心里很不是滋味，还是做了一番修改，递交给老板。老板又说这个太复杂，让我参考其他公司的再拟一份。于是我查阅资料又写了一份。没想到老板开会时直接点名批评，说某某拟的规定，我看不怎么样……我只能再次修改，现在还没有结果。工作以来，我都是积极地配合，但经过这次反复折腾，突然没了激情，没了安全感。我现在该如何调整？

最好的成长必须经历人生的酸甜苦辣。

老板的否定，可以理解为对你的重视；如果老板敷衍了事，或许意味着你已经被边缘化。没什么发展前途，才是真正的危机。

6.2.1　错位的流程

销售是企业获取利益最大化的重要窗口，而物料采购又直接影响到产品成本。采购监控流程，从方案的提出到撰写再到后续的对接，似乎都有些错位。

- 公司架构：不清楚公司的架构设置，是否有人资行政经理或总监？如果有，作为专员，是否要汇报给直接上级？
- 工作流程：物料采购监控流程，财务提出方案，交人资行政专员撰写，老板直接安排？人资行政负责人、采购负责人等似乎被完全忽略了。
- 岗位职责：人资行政专员的职责在此体现为会议记录员，而不是方案提交人。

抛开这些错位的流程不谈，面对老板或上司的否定，是被打击而自暴自弃，还是从“无力吐槽”到认真反思？

6.2.2 有则改之，无则加勉

面对物料采购流程，你这个外行是否理解老板的意图；财务主管的思路，你真的吃透了？相关流程的实操，你又了解多少？

关于被领导否定，反复返工，印象中仅有一次。当时我兼职负责单位宣传，按以前的流程，写好通讯稿直接发报社就行，因为我既是团委书记又是报社特邀记者。但国外这个分公司人员沟通比较复杂，按规定一篇通讯稿必须走以下流程：写稿人，团委书记，党委书记，分局局长。

第一篇通讯稿我亲自动笔，又深入一线拍摄配图！按流程我交给党委书记，书记说太简略，需要润色，因此琢磨了一个多小时，增加了大约一百多字。我甚是无语，一篇通讯而已，你长篇大论是要做报道的节奏？

然后呈给局长审阅，或许是第一篇通讯稿，所有人都很重视，局长说要突出现场突出工艺突出细节……等这篇通讯稿再次回到我手里，已经面目全非。

稿件如期发表，不过戏剧性的是，所有添加的内容都被无情地删减，几乎是初稿的还原。后来，发稿的流程做了很大程度的简化。

其实我想说：领导的意见有时候只是一种惯性，甚至不具有参考价值，无论你如何完美，他都会提两三点可有可无的建议。

除了反思，我们要做的是自我肯定与激励。面对老板的否定，保持一颗平常心，有则改之，无则加勉。只要心怀感恩，经历过的都是一种财富。如果失去信心，失去所有的工作激情，才是真正的危机。

6.2.3 面对否定，我们能做什么

面对老板或上司的否定，我们不必迷茫。如果工作扎实到位，或许这些错误和不足，将成为我们成长的垫脚石；或许老板的高标准严要求，将成就我们的大心脏。

1. 不找借口，越挫越勇

虽然公司可能在架构、流程、分工等方面存在一系列问题，但我们必须学会不找任何借口，以结果导向为主。

在很多人看来，财务主管应该是最合适的方案撰写人。不过，话说回来，老板既然选择了你，为什么不抓住这个展示自我的机会？

物料采购监控流程，这个领域应该不是你的强项，隔行如隔山，这时候我们如何扬长避短？

2. 了解需求，有的放矢

如果方向不对，很可能南辕北辙。这个方案是写给谁看的，老板可能提出哪些要求……很显然，你忽略了老板的潜在需求。

其实老板的反馈很明确，一直说看不懂、太复杂！如何将专业问题通俗化，是我们面临的一个挑战。

如果在方案拟定前学习借鉴，方案拟定后，先上报部门经理，再找财务主管沟通，最后再提交给老板，结果可能截然不同。

3. 展开调查，学习提高

老板需要一个浅显易懂、让所有人都看得明白的方案。

方案成型后，我们可以先与本部门的同事讨论，汲取他们宝贵的意见；然后通过各种渠道学习相关知识，结合公司情况修改；再听取相关部门的意见，再次完善……这样形成的方案应该有广泛的群众基础。

这个操作视情况而定，调查时必须保持足够的低调，需要保密的数据千万不能随意泄露。

4. 多套方案，有备无患

如果事先准备两到三套不同侧重点的方案，如有的严谨、有的细致，有的简单明了……让领导做选择题，很容易一次通过。

如果准备不足，连续被否定，领导会产生一些成见。你怎么做都是错的，相对而言就比较麻烦了。

人一定要有自信，哪怕失败一百次，我们也相信第一百零一次一定会成功。工作中我们学会适当的自我肯定与暗示。这套方案一定行！被否决，继续自我激励，下次一定可以！年轻人要有越挫越勇的品质。

不是所有的领导都是伯乐，喜欢指导与帮助员工成长。更多时候，我们面临批评与埋怨。如果我们不能摆正心态，积极面对，只会让事情变得更糟糕，让自己陷入真正的危机。

6.3 从重视自我开始

我实习期间进了一家新成立的小公司。领导一直处于非常忙碌的状态，需要我做什么就电话通知。招聘效果一直不怎么好，我和领导提过可能需要换个招聘途径，但她没有考虑；上周我把岗位说明书做好了发给领导，之后就没信儿了，什么反馈都没有；绩效考核表也不知如何下手。我不了解公司，在工作没有回应，领导不重视，没人指导的情况下，我应该怎么应对？

花开花落，硕果累累，是最理想的状态。如果没有蜜蜂，没有蝴蝶，甚而面对狂风暴雨，该怎么办？难道不结果了？

6.3.1 新人的常态

为什么出现大学生就业难而企业用工荒的窘境？很多时候，大学生带着“无人传、帮、带”的顾虑，选择观望，而企业要的是招之即用的人才。这样的结局，到底谁之过？

瓜熟蒂落，是自然界的规律，工作也是如此。你刚来公司，如果没什么让人眼前一亮的表现，凭什么要求领导的重视？天上掉馅饼的事想想就可以了，不要当真。

不了解公司现状，工作抓不住重点，又不甘平庸……这是很多新人的常态。其实换位思考一下，领导的做法也是人之常情。有些事情，即使领导跟你说了，你可能也处理不了，转一圈还是落到领导身上，必须他亲自解决，因此领导没有回复。等你熟悉情况慢慢就好了。

从心理学和社会学的角度看，我们内心深处都有被重视的渴望。在生活上我们渴望更多的呵护，在工作上渴望被领导承认，这无可厚非。但是，在日常的工作中，领导重视的是工作及结果，我是不是也应该重视自己的工作？这样想是不是豁然开朗？领导不需要重视我，领导只需要履行他的职责、监督我的工作状况即可。

6.3.2　领导的重视

我们扪心自问，你重视自己，重视自己的工作吗？来公司三个月，对公司状况还不了解，成为抱怨的理由；没有专人来带你，成为迷茫的借口；绩效不知道如何开展推进，丝毫没有让你恐慌……企业不是你免费学习的学校，更喜欢拿来即用的人才。

想要被别人重视，首先学会自我重视；渴望领导的重视，必须有被重视的资本！请问，你是勉强被动地工作，还是高质量地完成？如果你的业绩平平，却渴求领导的重视，无异于缘木求鱼。

招聘效果一直不好，你建议换个招聘途径，领导一定要支持？其实招聘效果不好，往往不一定是渠道问题，更多弊病在企业本身。假如你通过优化招聘信息，增加简历投递量，再加上出色的面试技巧，使招聘转化率大有起色，你认为领导会不会重视？

无论什么时候，抱怨都是毫无意义的。如果领导不重视自己，我们必须自我反思：是工作结果没有好到想象的程度，还是领导有更高的要求？

或许还有另外一种情况：领导不重视你，只是你的心理误区，有妄自菲薄之嫌！无论哪种原因，都要求我们脚踏实地、勤恳务实。

不要过分看中领导的所谓重视，是真金早晚都会发光。

6.3.3　努力的方向

领导不重视你，没专人带你，像你这种情况，如何破解？

1. 调整心态，做好自我

年轻人在工作中，不缺干劲，不缺热情，缺的是坚韧不拔的意志和虚怀若谷的精神。

太在意领导的看法，其实是急功近利、浮躁的表现。用这样的心态工作，很容易导致工作流于表面，过于浮夸，造成一些“形象工程”“面子工程”。只有调整心态，做好自我，不要在意别人的目光，才能取得实质性进步。

2．自我重视，重拾自信

想要获得别人的尊重，要先学会尊重别人；想要得到领导的重视，必须先自我重视。学会自我重视，我们不会因一时的得失而悲观，也不会因别人的重视与否而患得患失，更容易在工作中收获自信，取得突破。

你现在需要做的是多观察，多总结，勤思考，向领导和同事学习解决问题的思路与方法。日积月累，你工作就会得心应手，也更容易在工作中树立信心，实现自我价值。

3．重视工作，自我提高

一个人，只有重视某件事后，才能够取得一次次的突破，工作也是如此。而现在的你，缺乏主动性，完全依赖领导安排，被动执行。

如果你重视自己的工作，如网络招聘效果不好，领导又不采纳你的建议时，你肯定不会主动放弃，而会不断尝试新办法：QQ 群招聘、微信招聘、免费招聘会……

岗位说明书不是简单的复制粘贴。一个对企业了解有限，又不与其他部门沟通的人，我很好奇，会做出的什么样岗位说明书。

在没有专人指导的情况下，对某些工作一无所知，如绩效管理，你会如何做？如果你重视这份工作，肯定不会停留在抱怨层面。或许你会找相关书籍了解学习；或许你会参加类似培训快速充电；或许你会请教一些同行……办法总比困难多。在重视工作的前提下，才能最大限度的提高。

4．沟通与汇报

你与领导的沟通是基本停留在电话和邮件的方式，还是被动接受的状态？你有没有在需要做判断的情况下及时与领导沟通？你汇报工作用一个邮件解决，领导没反馈只是翘首期盼，你有没有主动询问结果？领导安排一件工作做一件，你有没有考虑之间的相关性？

建议你加强与领导的过程沟通，学会汇报工作，在条件许可的情况下了解《九段秘书》之类的培训教材，开阔思维。

走出校门，步入职场，如果你想脱颖而出，自我修炼远比领导的重视来得实在。如果领导不重视，那就从自我重视开始，一步步强大自己。内心强大的人，是不需要靠别人的赞美来证明自己的！

6.4 “新手”与“资深”的距离

公司目前处于创业阶段，各项制度很不完善。我自己也是今年才转到人事岗。虽然有学习一些管理方面的东西，但总感觉有点力不从心。老板也一直要求我完善制度，可我却一点头绪也没有，我总觉得如果有人指导入门会容易些。这段时间，我发现HR简直就是全才，要懂心理学、了解人性，善于沟通、协调，有全局观，还要会点儿组织行为学、企业管理学……想到这些就压力倍增。我应该怎样学习，才能尽快完成从新手到资深人资的转变？

“其实HR很简单，只要你掌握了管理学、心理学、劳动法、冰山理论、STAR、6W1H、SMART、PDCA、MKASH原则、KPI、BSC、OKR、筛选简历、讲得了课、面得了试、解聘员工、处理仲裁、背得了黑锅、挖得了坑、躲得过冷箭、做得了战略、玩得转企业文化、管得了员工、降得住老板等，再加上多年的经验，你就可以从事人力资源工作了。”这是最近在朋友圈疯传的一段话，虽有调侃，却也点出专业知识对人资的重要性！

想尽快完成从新手到资深的转变，学习是必须坚持的事。其实，学习与晨练一样，没有固定的套路可以模仿，只有经过实践检验的方式，才是适合自己的方式。

创业阶段、非人资专业、临时转岗、制度完善，看起来毫无头绪。我想，或许你只是挂个HR的头衔，勉强算入门吧。至于对HR的认知，有一定盲区。什么心理学、组织行为学、企业管理学……倒是让我想起一个段子：大意是，今天好忙，先和移动公司谈了会儿业务，又去电力公司付了预付款……不就是充个话费、交个电费吗？

因此，不要把HR想得太高大上，一个理性而客观的认识，对我们制定学习的方向，步骤，显得尤为重要。

6.4.1 HR的现状

1. 零基础

这个现象在非人资出身的HR中相当普遍。

作为非人资专业，如果已经踏入HR领域，想要工作到位，零基础怎么行？很多人目前的人资实力处于这样的状态：只是碎片化地了解几个名词，或者手握大把资料，却无暇学习……

这样的HR不打杂，谁打杂？如果这样可以把人资做好，还要总监做什么？

2. 不看专业书

目前从事HR行业，累计阅读专业书超过十本的，请举手。

很多人读书的意识已经萌芽，却在为选哪本书而费神。很多专业HR群里，大家习惯了提问和拿来主义。

如果百度可以找到答案，一定要发问；如果多读几本书可以理解的知识点，一定要发问……碎片化的问题，对应碎片化的答案，即使将碎片汇总，还是碎片。

你懂绩效，也知道奖金，但讨论的稍微深入些，可能迷茫了。绩效和奖金有什么区别和联系？这是碎片化和系统化的区别。

3. 重实践轻理论

重实践轻理论的最突出表现，是临时抱佛脚。

单位实行绩效改革，就到处翻阅绩效制度，甚至关键指标提取都不明白，制度已新鲜出炉；设计薪酬，没有设计理念，缺乏数据测算，方案已快速成型……这样的制度或方案，究竟会起到什么作用？

实践很重要，但没有理论支撑的行为，那不是实践，是糊弄。

4. 对HR缺乏清醒的认识

现实让人妥协，这导致很多HR抱怨：为什么让我做这些杂事，我该如何开展工作？要么把 HR 化身为全能神，要么贬低得一无是处，是目前比较常见的两个极端。

6.4.2 HR 如何快速提高

1．沉下心，细读大学人资课本

对于非人资出身的 HR，很有必要将大学的人资书目认真阅读几遍，如经济法概论、国民经济统计概论、社会保障概论、企业管理概论、人力资源管理、管理心理学、劳动经济学、劳动就业概论、企业劳动工资管理、劳动法等。

从书目看，人资并非孤立的存在，需要我们学习管理心理学、劳动经济学，了解社会保障、企业管理等知识。正像案例中所说，HR 应该是个全才，我们不一定都精通，但必要的了解一定不能少。

万丈高楼平地起，想入门人资，从学习大学人资相关科目开始吧，这是你的必经之路。

2．带着问题学专业

现在的 HR 特别让人羡慕，资料满天飞，随便找几套，死记硬背，强行消化，好象知识储备很快达标。

对于人资六大模块的学习，我建议带着问题疯狂学习。这本书整体在讲什么，作者详细阐述什么，如何阐述，是否有道理，和你有哪些关联……

阅读有三个层次：检视阅读，即有系统的略读；分析阅读；即批判性思维的应用过程；主题阅读，不需要把每本书读完，结合检视阅读，快速找到答案。

有时候读书，我们可以想象自己是皇帝，只需要问大臣一件事，而不是他知道的所有事情。书读到一定程度，需要融会贯通，即对你的知识进行管理，通过结构整理知识。

3．改变学习的思维模式

很多人在学习时经常陷入这样的误区：一本书一定要看完；一定要记住书中的内容；读了好像用不上；阅读太浪费时间；只看经典……

其实，将一本书从头看到尾，没有必要；记内容，说明我们还在用考试思维读书；读了用不上，证明我们还缺乏结合的能力，需要强化；读书并不浪费时间，没有学以致用才是真的浪费；经典晦涩枯燥，不一定适合……

学习不能太被动，等工作需要再学习，其实已经迟了。有人说想看或者喜欢看案例书，为什么？因为已经没法静心去夯实基础，系统学习。说到底，还是太急于求成。这不是一个好现象。

案例书可以看，但到一定程度，对我们的帮助就很有限了。我们不能满足于照猫画虎，而要从案例中看思路，求创新。

我们必须改变学习的思维模式，从现学现用、照猫画虎到查漏补缺，再到形成自己独立分析问题解决问题的思路，才能让我们有质的飞跃。

4. 好心态让你更容易成功

HR 没那么神秘，也没那么简单。保持良好的心态，显得尤为重要。作为刚入门的菜鸟，不要好高骛远，满口的心理学、管理之类的大概念，我甚至都没看到你提一点点的基础知识。

罗马不是一天建成的，学习专业知识，我们需要踏踏实实地走，才会走得坚定，才会越走越宽。心态好了，所有的障碍都是学习路上的垫脚石。

“新手”与“资深”的距离，绝不是多读几本书能解决的。有人拿时间换享受，有人拿时间换成长，时间就是那么多，看你怎么用了。任何工作都是建立在做事的基础上，想要“资深”，除了学习和实践，还要注重思维方式。想清楚怎么做，远比做什么重要。

6.5 累，说明你正在走上坡路

我刚刚从传统企业加入一家刚创业的互联网 APP 公司，需要疯狂地招聘各种员工。投资人和总经理都是属于火急火燎的急性子：

- 决策变化很大，随时会增减招聘岗位；

- 没有招聘周期的概念，上午说要招什么岗位，下午就会问你人找的怎么样了；
- 赤裸裸的威胁，如哪天招不到 5 个人，后果很严重等。

我的现状是：

- 基本每天都加班，安排面试及其他制度编写；
- 周末还在加班或在家办公；
- 我愿意接受挑战，但是感觉老板的要求和期望超出员工个人能力。
- 薪酬并不算高……我现在很迷茫，遇上这种情况，该怎么处理？

突然怀疑 HR 是否有抱怨的天性：工作清闲抱怨无所事事，没有成长机会；抱怨者企业规范沦落为纯粹的执行者；工作要求多，又抱怨老虎吃天无从下口……作为 HR，只有承受别人不能承受的，才能享受别人享受不到的。

工作不可能总是一帆风顺，尤其是跨行跳槽的 HR，更要做好应对各种工作压力和突发事件的准备。

当各种棘手的事接踵而来，当压力超出承受极限，这时的选择有三：迎战而上，调整工作思路、方式等，满足领导要求；按部就班，得过且过；找个借口选择放弃。如果我们遇到这样的情况，会怎么处理？

6.5.1　了解行业，准确定位

从传统的制造业到全新的互联网行业，我们在来之前或之后对新选择的行业应该有一个清晰的认识，如行业的特点有哪些，行业的发展趋势如何？企业在行业中的位置在哪儿？企业目前急需解决的问题有哪些？直接领导人的工作风格有哪些？

对行业有了充分的了解，对企业有了清晰的认识，对直接领导有了大概的印象……我们在开展工作的时候就会有预判，不再无所适从。

6.5.2　心态调整与评估

一系列超乎想象的工作安排，超负荷的工作量，让原本信心满满的你逐渐迷茫。如何自我调整心态？

我的建议是每天对自己的心态进行评估，找准差距，自我反省，从而持续改进，让自己永远保持积极心态。以办法总比困难多的心态去完成工作任务。

6.5.3 有效管理时间

比加班更让人绝望的，是看不到加班的意义。因此，如何做好时间管理就显得比较关键。因为时间管理会分出目标的轻重缓急，最终让你事半功倍。

时间是怎么浪费掉的？缺乏计划、没有目标、抓不住重点……胡子眉毛一把抓，来一个对付一个，往往疲于应付，主动性根本无从发挥。因此我建议，缺计划就制定计划；没有目标，就树立目标；抓不住重点，那就对计划的重要性进行分类……相信会有一定的改善。

6.5.4 高效沟通

公司处于创业初期，各方面都不完善，计划永远跟不上变化，如你吐槽的招聘，招聘计划从哪里来？为什么会取消或增加一些招聘岗位？为什么这个岗位这么急，是否真的急用？

这样的事情以前有流程、有条理、有规定，而现在没有了，一切的一切都那么的乱。思想中、脑海中产生了无法胜任的挫败感。

这时候，我们要学会自行分析，换位思考，除人资之外，多关心公司运营的一举一动，这样与领导沟通才更容易达成共识。如果你守着你那一亩三分地，局限性是必然的。

发现问题，很多人都可以做到。如何解决，才是我们价值与能力的体现。顶住了，就算不成功也成熟了。因此我们必须学会带着方案提问题。这对你来说，是一个思维的转变，也是一次能力的提升。

很多时候，我们以为是周围的环境出了问题，其实出问题的往往是我们的心态，我们的思维，我们的沟通方式……累，说明你正在走上坡路。

放下压力，扔掉痛苦，相信自己，一切皆有可能。

6.6　理财不如考证，拜金不如拜知

又是一年考证季，每年 11 月底都会有很多人报名参加人力资源管理的专业等级考试。报名的人中有一些是 HR 从业者，还有一些是圈外人。从前期的辅导机构选择到网上报名，从购买专业书籍备考到模拟考试。有些人轻松过关，有些人考了几次也没过。你为什么要考这个证呢？你在考证的过程中有哪些体会和收获？

为什么我会选择报考会计师、人资管理师、一级建造师、理财规划师、心理咨询师等各种职称或资格考试？原因有三：因为兴趣；因为想更好地服务于工作；因为喜欢给每个阶段的学习画个圆满的符号。

有朋友曾这样评价我的考证行为："与众不同之处就在于别人在玩手机，你在看专业书籍；别人在打游戏，你在分析案例……成长在点滴间，人和人区别正在于此，业余时间干什么，决定了以后能干什么。"

考证也是如此，能否通过，在于你平时的努力；有没有价值，关键在于你的角度。古龙曾借傅红雪之口说过这样一句话：宝刀可以砍柴，柴刀也可以杀人。

6.6.1　为什么要报考人力资源管理师

最直接的原因是求职的需要，证书成为求职敲门砖。特别是转行到 HR 的同行，专业跨度普遍较大，很容易遭受用人单位的质疑。在能力无法直接确认的情况下，用人单位普遍看学历、看资格、看证书……同等条件下，哪个录取的概率更高一些？

从自身来看，本质原因是我们还不够自信，或者影响力还比较有限，需要拿一些证书、业绩之类的凭据给别人看，以此证明自身的价值。

具体到每个人，原因应该各有不同：有人因为拿到证书可以加薪，所以去考；有人因为接触人资，因兴趣而考；有人为了认识更多的同行，所

以报班考试；有人是经不住培训机构的电话轰炸，随大溜报名……

6.6.2 人力资源管理师的作用

说实话，人力资源管理师不像建造师，拿证后随便挂靠出去都可以拿到一笔不菲的挂靠费；HR 也不像会计师，必须持证上岗，更与升职加薪密切相关；人力资源管理师更不像驾驶证，让你从无到有，有立竿见影的效果……

于是有人断言：人力资源管理师没什么用，你看那谁没考这个证，还不是照样当经理总监，出书立著。

这样的言论，让人啼笑皆非。怎么可以把证书与升职加薪划等号？不过这话里也多少透出点儿酸葡萄心理；有些人喜欢贬低别人来抬高自己，因为我没这个证，所以我要贬低这个证的价值。

人资多数是半路出家，很多人的知识体系并不系统，除了重读人资大学课本，考证不失为一种捷径。

6.6.3 考证的终极价值

通过考证，让理论与实践有机融合，更为我们以后的发展打开了一扇窗。有人正是通过考证一步步成长起来的，三级、二级、一级，在不同的平台，不同的圈子中，不断地认识自我，提升自我，遇见更好的自己。

谈到考证的收获，结果只是一个微不足道的方面。重要的收获在于：考证前对于自己的职业规划，通过考证逐渐清晰；考证过程中，人际关系的拓展与对知识的系统梳理，让自己更加合理自我定位；考证后的反思，自己的下一步该怎么走，给出明确的方向。

于我而言，考证的收获不仅仅是知识的收获，人际关系的收获，更是思维的蜕变，心态的提升。不走出去，永远不知道天有多大，只是井底之蛙；不深入交流，永远不知道自己有多肤浅，还可能沾沾自喜；不站在高处，永远不知道自己的渺小，只能鼠目寸光。

在一个个证书的累积下，我不断凝聚着自信。一个证书可能证明不了你的能力，但三个五个证书呢？可能依然不能证明你的能力，但不难判断，你是一个有规划、有积极心态、有高度学习力和执行力的人。

考证的初衷是为了证明自己，但在考证的路上走得久了，走得远了，你早已宠辱不惊。与其证明给别人看，患得患失，不如自我证明！这样走下去，我们必将迎来质的提升和突破！

第 7 章

融入是一种智慧

托尔斯泰说："世界上只有两种人：一种是观望者，一种是行动者。大多数人都想改变世界，但没有人想改变自己。"职场是社会的缩影，我们无法像边缘人独善其身，只能选择改变、融入、适应，让自己站在巨人的肩膀上。

7.1 “站队”不可避免，但我们至少有选择的权利

小王最近遇到了一个非常挠头的问题，他刚跳槽到一家本地的大公司，进来之后发现，公司的小团体现象比较严重，总经办、财务、自己所处的行政办公室等部门很不协调，他的直属上级非常不爽其他部门的人。小王觉得，做人事就得八面玲珑，所以进入公司以后，和其他部门的人把关系维持得很好。但是主任认为他没有站在自己这边一起对外，因此只让他做一些基础的事务性工作，面试时说好让他负责的模块全部转给了其他同事。小王感觉非常憋屈，他是应该好好考虑站队问题，还是另外找工作呢？

一个公司也如一个朝堂，有纪晓岚就有和珅，总会保持一种微妙的平衡，一家独大肯定长久不了。

面对小团体，八面玲珑一定行得通？一个人不可能得到所有人的喜欢，你想讨好所有人，往往会得罪更多。

7.1.1 厚道才是真聪明

那时我刚参加工作，很快发现同事关系的微妙：一起聚餐的是这几个，一起打牌的是另几个，诸如此类的情况还有很多。我意识到这就是所谓的圈子，想融入其中，必须得到圈内人的认可，也就是所谓的站队。

很多人都会犯类似的错误，自以为八面玲珑会讨所有人的喜欢，岂不知各个团体最不信任的正是这样的类型。退一步讲，如果一个人的心思全

浪费在勾心斗角，又有多少精力用来认真做事？

有人的地方就有江湖，有江湖的地方就有争斗。想独善其身，只是一种理想化的状态。退一步讲，你讨好了某一个团体，从某种意义上说，也得罪了另外一个团体。

我当时根本没有站队的意识，只知道踏实工作，诚恳待人。有时候，也会被耍小聪明的同事气得发狂。年长的书记对我说："别和他们一般见识，你应该有更高的目标，厚道才是真聪明。"

那时候，我初来乍到，却发生了这样一件事：合同管理部的一个同事，偶尔会来我们办公室打个长途。等月底核对电话清单时，突然发现几个很贵的长途电话，按规定是要扣个人的。当书记问我时，我也没多解释，说那就扣我的吧。

后来对面的监理不知道从哪里听说了此事，直接找到书记，特意证明那些电话不是我打的，因为那段时间我们几乎都在一起下棋。

再后来，合同管理部的同事知道此事，站出来澄清，承认是他打的长途电话，应该扣他的工资。

这件事，就这样波澜不惊地过去了，却让我有种茅塞顿开的感觉。后来的工作中，我一直踏实诚恳，逐渐得到同事的好感，甚至当时被公认为最严厉的设备部部长，也对我异常亲切。

7.1.2　信任像手中沙

很多时候，人与人之间的信任，像手中的沙子，攥得越紧，流失越快；相反，当你坦诚地打开掌心，却能让其长久驻留。

吃亏是福，绝对不是一碗鸡汤，反而让我收获更多信任，打破圈子的桎梏。年底的时候，我意外地被提升为部门经理，从此，那个耍小聪明的同事再也没有对我苛刻过。

这让我不得不感叹，杜绝一个人对你的嫉妒，最好的办法是变得更优秀。有谁见过乞丐嫉妒亿万富翁的？

经过多年的职场历练，我对这句话有了更深的体会。

我曾有过一年内连换四任局长的经历，可以想象同事之间是怎样的磕磕绊绊。我在维护本分局关系时，也极力化解不同分局同事之间的矛盾，坚决不做损害他人利益的事情。在这种动荡又缺乏安全感的环境下，厚道反而成为最稀有的品质。

曾有资深的经理找我抱怨：这不公平啊，你工作不到两年，却享受和我同等的待遇。我没有针锋相对，只是将更多地精力投入到本职工作，以及自我能力的提升。

7.1.3 站队，其实是站在巨人的肩膀上

职场中，如果遭遇小团体争斗时，我们到底该如何站队，在保护自己的同时，又可以适当的帮助别人？

想做一个大家都喜欢的人，不如先做一个部门和身边人都喜欢的吧。这个更实在一些。如果得不到部门领导的认可，不能在本部门立足，又如何得到他人的认可？

或者换一种说法，你不是一个人，而是一个团队。你一个人的作用，对他人而言，能有什么价值？如果我们连被别人利用的价值都没有了，是否也是一种悲哀？

站队并不意味着一定是互相排斥的。虽然一个公司有很多小团体，但大家的目标还是一致的，只是方式手段不同。如果互相斗智斗勇，其实内耗特别大，真是得不偿失。

如果用一些过激的方式对付他人，不一定得到团队的认可，反而导致团队对你的提防。虽然不是同一个团体，但仍然是同事，很多时候都需要协作配合。只有分清轻重缓急，坚守自己的原则，反而可能得到对手的尊重。

选择时不要太局限于一个小范围而裹足不前。人总是要发展的，或许在某个阶段，团队对你的成长是有帮助的。而我也在不断丰富着自己的人际关系，从国内走到国外，走进了更大的平台。

站队，其实是站在了巨人的肩膀上，便于我们更快更好地了解和融入

公司。不站队不一定独善其身，站队也不一定平步青云，一劳永逸。如果自身不努力，你很可能被团队所抛弃。

说到底，站队与否反而成为次要问题，关键还在于自身。如果你处处替他人着想，懂得维护自己权益，无论顺境逆境，都不放弃提高自我，这样的人，能充分发挥自身的价值，无论在哪个团队，都是不可忽视的一分子。

7.2　家族企业的非工作阻力

我新到一家公司，人力资源部只有我一个人，工作量很大，不过我正想做一些有挑战性的工作，所以觉得影响不大。入职几周后，我慢慢发现，几乎所有的管理层和行政内勤，都跟老板有亲戚或朋友关系，所以公司内存在很多不合理不合法的东西。比如过来一个副总，觉得新招的前台态度不好，就要我把她辞退，我觉得前台工作能力是够的，顶住不办，结果好几个副总都来找我聊这个事，最后还是顶不住压力把人劝退了……

现在公司里分成两类，家族内和家族外，家族内围在一起吃饭，家族外的围在一起吐槽。老板知道这其中的风险，支持我开展工作，让我一方面把应有的制度建立起来，让家族内做事不要乱来，另一方面要求我与员工沟通，了解他们的真实想法。工作再辛苦，我都会努力克服，但是这种家族企业中的非工作阻力，我该怎么处理呢？

在中国，尤其是私企，员工家族化成为一种常态，这类企业能否发展壮大，取决于老板对待家族成员的态度，是任人唯亲还是任人唯贤。

7.2.1　“做事”与“管人”

不要以为非工作阻力只存在于家族企业，其实国企的人际关系更错综复杂，有时看似不相关的两个人，却有千丝万缕的联系，不经意间你可能已经站到了对立面，却毫无察觉，是不是很可怕？

相比之下，家族企业的人际关系相对明朗，一张关系结构图很清楚地摆在面前，还有一个支持你的大老板。如何做，其实并没有想象中那么难。

为什么国企的关系错综复杂，却不影响工作正常开展？因为国企用结果作为衡量标准。其实私企也不例外，如何用“局外人”身份参透老板“家中事”？作为人资，想在家族企业中推进工作，需要从两方面做起，即“做事”与“管人”。

想做好人资工作，取得一定成绩，必须把握好“做事”与“管人”。做事，要有行之有效的管理制度和流程；管人，要有科学的用人机制和资源规划。

7.2.2 就事论事，减少冲突

请问，前台岗位最关键的特质是什么，能力还是态度？因各个单位对前台的定义不同而不同，但一般情况下，应该是态度大于能力。

如果同意这个观点，副总的看法并没有明显的硬伤，反而你的做法有点儿僵化。从人资角度分析，你的工作有很多空白，需要及时完善：岗位胜任模型、员工试用期考核、员工招聘与离职流程……

对于领导反映的问题，你的处理方式并不讨人喜欢。不是去积极落实领导反映问题的真实性，而是陷入无聊的争辩。他说态度，你说能力，永远是两条平行线，这样的沟通，只能徒劳无功。

在家族企业，尽量不要引发冲突，必要的时候需要以退为进。对事，一定客观评价，而不是引火烧身，导致矛盾激化。

7.2.3 人以群分，选好突破口

公司的人员分家族内与家族外，这是很正常的事，不必强行改变。我们要做的是在此基础上继续细分：用工作能力作为区分标准；以家族地位分类；按年龄态度区分……通过分类，对家族成员有一个更客观的认识，他们中的一些人，是你争取的对象；一些人是你开刀的首选；还有一些人，他不犯你，你不犯他……

员工也依然可以细分，能力强弱，岗位差异；工龄长短，性格类型等，都可以作为分类的依据。然后依据分类，你应该了解哪些人适合做你的同盟，哪些人适合做制度推进的牺牲品。

老板的重视很关键，但不能当饭吃，张口老板说闭口老板说，这样只会让人更烦你。要改变这样的状况，必须要选好突破口。

这时候，前面的分类就起到至关重要的作用。如果是负面的东西，选不重要的家族亲朋和不重要的员工下手，阻力要小很多；如果是正面的东西，选重要的家族成员和核心岗位的员工，效果更明显。通过这样逐步的渗透，工作氛围的改变是水到渠成的事。

7.2.4　因地制宜，适度激励

制度要有，但如何执行，保护谁的利益，这些必须明确。举个很有代表性的事例，有些人资喜欢对考勤斤斤计较，甚至各种苛刻的监督和处罚……我觉得这样做只会让你站在员工的对立面。

白岩松说："任何一个单位，只要到了强调考勤、打卡，一定是它走下坡路的时候。因为一个走上坡路的单位，人人不待扬鞭自奋蹄。"

如何激励员工而不是控制员工，是人资必须重视的事。与其挖空心思处罚中高层迟到早退，不如直接取消考勤打卡制度，改为结果导向。

考勤的目的到底是什么？既然考勤很难约束，为什么一定要这么做？而不是换一个思路？

这样的公司，制度一定要因地制宜，考虑公司现状，而不是随意复制一些高大上的制度去推行。如果一个制度缺乏群众基础，阻力之大可想而知，很难取得突破。所以你现在的问题，不是吃多少苦，而是动多少脑。

家族企业文化基本以老板文化作基调，利益放在首位。不要太相信老板真的支持你。一个 HR，立脚未稳，谈何"改"？凭什么"改"？

这种状况下，想一次解决所有问题很不现实。可以先做好一件事，由点及面，逐步完善，最终形成合适的制度。这样的制度是拿来解决实际问题的，需要不断总结。因此，不要急着出成果，先融入公司，融入员工和家族成员中，为他们解决一些实实在在的事情，然后通过这些事情合理引导。

7.3 跨部门沟通，没想象中那么难

HR 是一个尴尬的岗位，一方面要为业务部门提供各式各样的有力支撑，以便于他们能够后方稳固地去拼杀事业；另一方面，也需要负责整个组织的和谐运转，对部门的出格之举尽力纠偏。如何平衡好和部门之间的关系，有问题不归咎部门，也不至于背下无辜的黑锅，是 HR 必须要具备的职场智慧。在人力配置、制度落实、绩效福利等专业工作中，我们应该如何协调好和部门之间的关系呢？

很多时候，我们会发现，各部门的出发点都是好的，心都用在企业的发展上，都是为企业利益着想。但面对需要协作配合的工作时，却会出现各种沟通障碍，甚至形成内耗。

7.3.1 跨部门沟通的败因

关于跨部门沟通，最主要障碍来源于部门负责人。我们不妨盘点一下，跨部门沟通失败，还有哪些原因？

- 过分追求部门利益最大化，忽视整体的平衡；
- 分工不同，思维模式不同，很难理解他人的需求；
- 对其他部门工作职责不够了解；
- 部门负责人性格、文化素养、沟通方式等方面的差异；
- 只注重了表达，而没有注重倾听和反馈；
- 不良情绪的影响；
- 企业文化建设未融入“团队”元素，缺乏向心力。

假设没有了越级，事情会简单很多，部门之间的沟通协作其实只是几个部门负责人的沟通；假设部门分工进一步明确，推诿扯皮会少很多。HR 与各部门的关系，如何协调，如何平衡，如何制约……都可以按同事之间

的关系处理。

7.3.2 HR的定位

HR是一个普通的岗位，不高大上，也绝不尴尬。不要把自己局限在HR领域，很多时候，过分强调专业与法律，反而容易忽略企业在发展过程中的问题与困难。

HR也有等级之分，如事务性、专业型、业务型等；部门负责人同样如此，急功近利型、强势型、被动型等。作为HR，在跨部门沟通时，必须因人而异，掌控好度，如哪些人适合保持距离，哪些人适合亲近，沟通效果可能会更显著。

HR是一个弹性很大的工作，小到端茶倒水，大到战略架构，都在HR的工作范围之内。如果让一个人资菜鸟去沟通战略，可能其他部门根本不买账；如果让一个HR主管天天做“传话筒”，可能也不会长久。可见定位的重要性。

定位不仅是对自身实力和位置的确认，更包括了对企业现状的了解，如企业文化、价值观、发展阶段、行业前景等，此外还包括对其他部门的评估和认识。对企业内外因素以及沟通双方都有一个合理的定位，是HR开展工作的前提。

7.3.3 沟通基础与沟通渠道

为什么同样一件事，别人几句话轻描淡写地处理得完善，我们却处处受阻？下发制度难以执行，培训通知无人响应，交叉部门各种推诿……是不是似曾相识？

假设某天你提了一大堆要求或建议，别人暗想，我和你很熟吗，为什么一定要配合？你的努力瞬间归零。

临时抱佛脚是无奈之举，千万不要把无奈常态化。只有加强日常沟通，做足功课，才能在企业文化、员工关系等方面有所建树，从而保证组织的和谐运转。

作为 HR，如果不能保障自身部门的权益，如何有效沟通，为其他部门提供服务支持？想游刃有余地周旋于各部门，自己应练好内功，专业技能、组织能力、沟通技巧等，都是必修项。

跨部门沟通之所以复杂，是因为缺乏标准。很多协作都是自发性的，完成了皆大欢喜，否则成为谁也说不清的糊涂账。可见，建立有效的沟通渠道对于部门协作的重要性。

渠道的作用不仅仅是沟通，更是公开透明的。我们对微信群进行分类，有小范围针对中高层的缺陷管理群，有大范围覆盖全员的代言群。缺陷群配合科室自查自纠，对反映的问题进行全程跟踪，问题出在哪个环节一目了然。

为更好地加强部门间的沟通协作，我们又实施了结果导向性的闭环管理。通过月计划和总结，达到部门沟通相互协作的目的。

7.3.4 专项合作的意义

在大中型企业，很多工作牵扯部门多、影响面广，这时候可以进行专项合作，写出详细的方案，把各部门分工进行细化，并在专题会上讨论确定。

如一场大型运动会，将牵扯到行政部、人资部、企划部、采购部等。这时候可以写方案，确定组委会成员以及具体职责，各部室负责人的职责……都会体现在方案中。

这样做的结果，让责权利都透明化，一目了然。微信群会每天滚动发布运动会的进展情况，各部室协作因有据可依而效率大增，即使有什么小的疏漏，运动会前的碰头会也可以轻易解决。

7.3.5 分类沟通与借势

同事也有亲疏之分，更不用说跨部门沟通了。我们可能对各个部门都会有一些自己的看法：财务是最难配合的；业务是最不讲理的；研发是最神秘的……

不同部门需要不同的沟通方式，和财务谈制度流程，对业务部说结果，研发部需要的是真诚……接触久了，或许你会发现，跨部门沟通没想象的那么难。

部门同个人一样，永远不乏一些难啃的硬骨头。有时候 HR 人微言轻，借势或许是不错的选择。

借势不是事无巨细地依赖领导，而是在适当的时候提方案，要政策，然后把握天时地利人和，将方案和政策落实下去。

借势不仅仅是借领导的势，平级之间也可。平时关系维护到位了，无论你提出什么建议，都有人积极响应，办什么事都顺顺当当；否则，说句话没人理睬，还总惹来一堆抱怨，甚至排斥。

部门间的沟通协调，说得再多、再好，也不如踏踏实实地多办实事，这是你攒人品的捷径。得到认可，赢得信任，部门间的沟通协调其实是一件很简单的事。

7.4　跨行换岗，如何快速找到契合点

我一直主抓物流快递行业的绩效模块，做得还算顺手，但是生活太安逸了，于是换到了一家互联网公司工作。新公司发展很快，比以前的公司节奏快很多，但是当初太着急转行，所以没有多做选择，虽然没有达到我预想的薪资和岗位，也就急着入职了，但是进来以后发现工作内容只是核算员工的绩效奖金，并没有得到太多的锻炼，而且部门里同事关系也不是很融洽，可能是一些心理落差。我该如何融进新环境？

我们最终所能达到的目标，取决于自身的努力程度与综合价值大小，而非公司环境的优劣与起点的高低。

7.4.1　正确的选择

从小到大，我们真正面临的选择并不多。职场不同于学校，我们不仅要努力工作，还经常面临各种挑战和选择。个人处境背景不同，生存阶段

不同，个性不同，选择的角度以及结果自然不同。

什么是正确的选择，很难一概而论，而万变不离其宗的是：找到适合自己未来发展的方向与平台，做出有利于提升自己综合实力的决定。

很多时候我们跳槽，并没有想象的那么复杂。有时只是为了摆脱安逸的环境，说跳就跳，至于行业前景、薪资福利，甚至岗位职责等都来不及考虑。这样的跳槽，很容易出现各种后遗症。

跨行换岗，产生工作不适感和心理落差，是件再正常不过的事情。适应需要时间，尤其是内心的认可。我们要做的，是如何尽快找到契入点，把这种影响降至最低。

人生是要算总账的，换句话说，不管现在如何困难，只要你坚持到最后，能赢得认可，达到目的，也是一种成功。

7.4.2 适应才是硬道理

初到新公司后不适应，工作节奏、岗位职责、文化氛围……让你手忙脚乱。其实，“我是一切的根源，要想改变一切，首先要改变自己。”存在即是合理，适应才能生存。人和人的距离，往往就是一步之遥，与其等着他人靠近不如自己主动走过去。你不限制自己，就没有人能限制你。

作为一名新成员，你需要仔细观察公司的氛围和环境，抱着空杯心态认可并尊重这种差异。心低时，哪里都是舞台；心太高，到处都是不公。改变自己，适应环境，打造符合公司节奏的工作作风，才能尽快得到其他团队成员的认可。

建立有效的信任和沟通，需要花费大量的时间和精力。我们可借鉴中医的望、闻、问、切，全方位出击，取得同事的信任。非工作时间的交流也很重要，可以近距离闲聊，但拒绝做话题女王，低调一些更容易被接受。

来到新公司，你的郁郁寡欢，可能使想接近你的人望而却步。通过晨会、例会、日常工作的沟通交流以及对一些问题的反馈，能够产生良好的互动和循环。良好的沟通互动不仅是语言上的沟通和交流，更重要的是一种融入的态度。

7.4.3 以点破面，加深印象

来到一个新公司，想得到所有人的喜欢，面面俱到太累。我们必须学会适度表现自我，才能给领导与同事留下好印象。

微笑，不仅体现内心，更能体现乐观向上的态度，给人充满自信的感觉，更容易表达出自己的真诚和友善，是缩短距离的最佳选择。

如果说出色的工作能力是基础，那么认真的工作态度在核算绩效奖金的岗位上显得更为重要。其实在平时的接触中，多数人能看到的也只是态度和工作结果，而非你的能力。

来到新公司，能展示的除了仪容仪表，就是出勤情况。加班或晚走往往会被认为是努力、勤恳、有责任心的表现。到点就走的人，无疑放弃了表现的机会。

这时要注意晚下班或加班的度，太频繁会被认为是效率低下或能力不足。毕竟，对于新进人员，直接领导对工作量的把握一般要优于你本人，因此把握表现的尺度显得尤为关键。

7.4.4 快速融入，适度沟通

陌生的环境下，作为新人，没有人手把手教你如何工作，甚至会遭遇各种人为障碍……领导看重的永远是结果，而不会一味地听你抱怨到底多苦多累。

快速融入、体现自身价值、得到领导认可，必须克服心理落差，把工作真正做到位！记住，没人有耐心听你任何解释。

在埋头苦干的同时，要避免与领导零交流。可以适度汇报工作，也可以特意请教领导一些专业问题，拉近距离。当然，问题不能太晦涩孤僻，也不能太简单直白，以防留下不专业的印象。

跳槽只是一个过程，而非终点。平台也好，机遇也罢，都需要自己把握。从这个层面看，能否成功融入，不仅关乎去留，更影响到自我成长。

7.5 成长的过程，就是大胆试错

我在一家虚拟信息技术公司工作，人事只有我一人，我负责入离职、合同和社保、档案、绩效考核、招聘这几项。但是自入职以来，完全没有人跟我交接，也没有人培训。招聘是主要工作内容，但是也没有具体的招聘人事要求之类的，岗位说明书都是自己去网站找的。我才毕业一年，各项技能都不是很会。总感觉自己适应不了这样的职位。请问，我该从哪几个角度去驾驭这个岗位？

职业初期的困惑，是每一个人的必经之路，也是需要克服的心魔！俗话说，万事开头难，职业生涯的开始伴随着内心的挣扎而成长。

人资仅你一个人，这意味着你既是设计师又是建筑师，你的专业水准，将代表公司的整体水平，堪称责任重大。

工作需要你有担当，而你似乎还未“断奶”，依然摆脱不了习惯性依赖。面对新的人际关系，新的工作内容、新的处事模式……你此刻好比无助的哈姆雷特，内心惶恐不安，总觉得自己一无是处。

从你的担忧以及质疑来看，很显然你还没有足够的自信描绘更好更美的蓝图。这时候，你是迎难而上还是败走麦城？不仅取决于你的专业能力，更取决于你的思维方式。

7.5.1 工作正常运转，不求有功但求无过

无论能否胜任这个岗位，无论想把工作做到什么程度，首要前提是必须保证人资工作的正常运转！

不必担心适应问题，你缺乏的技能，完全可以通过学习或培养来达成。如招聘等事务性工作，可以从历史中找答案，企业截至目前采用过哪类招聘渠道，确保公司的用人需求的满足；劳动合同可以照猫画虎，一个月内及时签订，避免不必要的风险；薪酬绩效先按原来的模版走，保证数据的及时准确；社保更简单，按时缴纳就行……

当然，人资工作不仅仅是以上内容。做好这些，至少保证不因你的疏

忽影响人资工作的正常开展，不求有功但求无过。

7.5.2　查漏补缺，做出诊断

在人资正常运转的大前提下，你可以抽时间对公司的人资现状进行简单的诊断。这是深入开展工作、对症下药的基础。

其实从到公司的那一刻起，你已经下意识地进行诊断。如工作未交接、没有入职培训、没有招聘计划、没有岗位说明书等。

招聘这项常规性工作，是个入门简单却影响深远的模块。很多人认为招聘只是简单的招人，真是这样吗？

招聘比培训重要一百倍。想做好招聘，必须对企业的组织架构、部门职能、各种流程进行系统梳理，要编写岗位说明书、招聘需求计划；制定任职资格、入职薪酬；个别岗位还要做背景调查，人才储备……

人招来了，招聘还未结束，也可以说完成了一部分。入职后有入职培训，要进行试用期跟踪考核，转正时要面谈，各种招聘的统计表一个都不能少。可见，搭建招聘体系工作量可不小，更牵扯到培训薪酬绩效等各个方面。

每个公司的人资管理都有不足之处，有些是约定俗成的陋习，有些是压缩成本的小聪明。诊断不仅是找出问题，更要充分地调查取证，了解为什么会有此类问题存在，知其然更知其所以然。这些问题是公司没有意识到，还是出于某方面的考虑？要从成本、效果、影响等方面权衡利弊。

7.5.3　计划的制订与跟踪

诊断报告，是和老板沟通面谈的敲门砖。用数据说话，了解老板对公司人资工作的指导意见，在行动前取得老板的信任和支持。

通过沟通，了解到老板的真实想法，取得老板的支持，你就可以大胆的编写工作计划，针对公司存在的问题，分阶段、有针对性地解决，写出详细的执行计划。然后再与老板沟通，得到肯定后，积极实施，及时汇报。

建议在沟通前先考虑怎样的说话方式能够让你显得更专业一些，表达更准确一点儿，无疑，这将是最好的沟通方式。

计划往往赶不上变化。在实施过程中，必须全程关注，遇到不符合企业现状的，及时调整优化，争取得到老板和中高层、基层员工的全方位支持。

继续以招聘为例。一个简单的招聘流程，如果得不到各部门负责人的支持，会对招聘工作的正常开展造成无法估量的影响，更不要说与大家息息相关的薪酬和绩效。因此，在实施中不断修正计划，优化流程，是保证良好结果的必要手段。

7.5.4 稳中求变，全面深化

通过努力，公司的人资局面已经有了很大的改善，逐步趋于稳定。这时候你可以稳中求变，全面深化人资管理。

前期，公司一直以招聘培训绩效为主，主要是满足当前需求。在此基础上，你可以适当开展一些战略规划、企业文化建设、职业生涯规划、人才储备等方面的工作。人资各个模块是相辅相成的，新的工作内容将会进一步促进人资工作的全面提升。

作为职场新人，都希望尽快地得到领导的认可。我们在做好本职工作之余，还必须学会如何和老板相处，了解老板在想什么，让老板重视或正确评估自己……

在工作期间，与老板打交道的机会肯定不会少，如何通过汇报工作让老板认可你的付出，如何站在老板的角度思考，是你必须要做的事。

方法总比困难多。如果说企业是一张纸，那么人资就是一支画笔，不同的人将描绘出不同的风景。有机会拿起画笔是我们的幸运，只有不断地强大自我，才能描绘出更丰富的画卷。

7.6 “高效沟通”的感性认识

想要快速融入，离不开高效沟通。HR 可以说是一项靠嘴吃饭的职业，在我们的工作当中，绩效面谈、离职面谈、薪资谈判、员工矛盾处理……

一系列的事务，无一不要求我们具备强大的沟通能力。请问，如何才能做到高效沟通？

沟通是什么？可能一千个人会有一千种理解。在医患关系如此紧张的今天，沟通显得愈发重要。为什么医患矛盾不断激化，有方方面面的原因，但我想，不了解或者不认可特鲁多医生的至理名言，也算一个不大不小的因素吧！

7.6.1　沟通的几种境界

“有时是治愈，常常是帮助，总是去安慰”，不仅适用于医学，更是沟通的几种境界。很多医生都试图去真正“治愈”病人，但百分百的“治愈”从概率上讲，终究是不现实的。这时候沟通就至关重要了。

医院的人资，不仅是与员工的各种面谈，更要与患者及家属沟通。因为参与医院的总值班，我接触患者的机会相对较多，也处理过一些纠纷。

上个周末我值24小时全勤班，接到病区的求助电话。值班医生在电话里这样讲到：患者家属在护士办公室，情绪很激动，有砸东西的趋势，扬言必须让院领导出面给个说法。

挂了电话，穿上工作服，戴上工牌，我快速到达病区。向医生了解到整个事件的来龙去脉：孩子出生后，爱人又住进了ICU病房，他一直在忙着照顾爱人，孩子留给七十多岁的老母亲看护。昨天他接到老母亲的电话，说不交钱医院这边就不给孩子做筛查。于是他二话不说，带着家人来产科病区兴师问罪。

7.6.2　影响沟通的因素

为了沟通更有权威性，我特意喊了儿科值班医生和医务部主任。进屋后，我先把空调开到最大，又让护士给每个人泡了茶。从心理学角度讲，很多沟通失败的原因，是因为在沟通过程中没有建立起一种满意的沟通环境。

影响沟通的因素有很多，如个人的职业素养、行为习惯、业务技能、沟通环境以及第三方因素。我能做的是先把业务能力提到最佳，再营造一个相对好一些的沟通环境。

一切就绪，患者家属开始向我施压，我母亲接到你们病区的电话，反映不交钱就拒绝做筛查？

7.6.3 很多时候，沟通的功效是安慰

医务科主任是很认真的一个人，直接抢话，医院基本都这个规定，哪个医院能欠费？如果你要投诉、仲裁，我们都是接受的。天啊，这才几句话就直接到仲裁了。旁边的儿科医生一个劲地打圆场，也压不住患者家属的怒火。

很多时候，沟通的主要功效是安慰，而不是帮助或者治愈。在患者家属怒火又一次被点燃后，如何让其平静下来？

我先讲述自己类似的故事以获得他的认可，即沟通中的同理心效应。其实，你这种心情我特能理解，去年我们家孩子出生后也是无人照顾，家里又出了点儿事，当时忙得焦头烂额……儿科值班医生也是一位孩子的母亲，也谈起了自己的感受。

沟通也讲究刚柔相济，红脸和白脸，加上几个真情流露的故事，患者家属红了眼眶。

我趁机劝解，小护士的话你也别往心里去。虽然没续费，但病区对孩子依然会无微不至地看护：两小时查房一次，月嫂二十四小时陪住，考虑到老人家上下楼不方便，营养餐每次都是送到房间……

既然已经落了口实，不如用实事证明。如果再和患者家属纠结护士是否这样说过，显然会陷入死循环。就像很多时候，出了事故，我们不是想着怎么预防，而是不停地找责任人，搞得人心惶惶。

这时候患者家属的情绪已经稳定了下来，似乎还有一点点不好意思。你们的服务我很满意，送锦旗都是应该的，但是“不缴费就不给筛查，”听着总是不舒服的。然后一再强调，我不差钱，“就是没时间，没心情。”

最后，患者家属在儿科值班医生的邀请下，去探视自己出生不久的宝宝。有时候，沟通应该与心理学和《孙子兵法》等有效融合，出奇制胜。像这次沟通，涉及到心理学、沟通技巧以及一些谋略。

有时候，一件事你即使做到百分之九十九的优秀，却可能因为一句无心之言，让努力付之东流。如果护士不这么强硬地催费，而是换个方式，用孩子唤起他的柔情，在他内心最柔软的时刻沟通，效果可能会好很多。

第 8 章

如何管理职场的“复杂人士”

如果说职场是战场，那么“复杂人士”便是职场上的不定时炸弹。如何在纷繁复杂的局势中做好预防管理，如何在激烈的职场竞争中留个缺口，如何让性格与能力高度匹配；如何平衡老员工与关系户；如何找到自己同盟军……都是我们值得思考的问题。

8.1　没有预见，没有预防，就会冻死

我们是一家电子设备公司，公司里有个设备工程师，技术真的很厉害，因为最近需要修理的设备比较多，于是他申请从工艺部门调一名员工给他做助手，我们办理了。一段时间之后，他提出这是在带徒弟，给公司培训人才，要公司给他发带徒费，我们给他加了。就在最近，他又说他以前带的徒弟没有带徒费，要求补上。要是按他这样的逻辑，需要补带徒费的人很多，大家都来提这种要求的话，无疑会增加公司的负担，而且管理上会越来越难做。我该怎么处理？

企业无奈地被个别员工牵着鼻子走，一再满足其无理要求。面对这样的局面，企业却是“老虎吃天，无从下口”，真是感慨良多，带徒费只是一个导火索，下次必然会有更离谱的要求。

8.1.1　居安思危，绝非危言耸听

这让我想起任正非与“华为的冬天”。

一个企业如果不具有危机意识，得过且过，总有一天会管理失控，甚至破产倒闭。居安思危，绝非危言耸听。

企业为什么会多次出现设备工程师无理索要导师带徒费的情况？这与员工职业道德有关，与企业人才储备有关；与企业文化和制度流程有关，但更深层的原因，却与企业缺乏危机感密不可分。

如何走出企业的困境，我建议从长期和短期两方面入手。

8.1.2　企业文化不可忽视

欧美或者日本企业这些年一直在倡导企业文化，其实也是意识到以前的管理对人的关注太少，而现代企业之间的竞争本质仍是人才的竞争，文化的竞争。企业管理的最高境界是“文化管理”，优秀的企业无一不对企业文化推崇有加。

显然，企业文化缺失，导致核心人才没有归属感，正在成为普遍现象。“生于忧患，死于安乐”，真正让企业陷入窘境的不仅是个别核心人才的缺失，更是这种风气的蔓延。一个优秀的企业，是在安逸的时候，能号召员工提高忧患意识，未雨绸缪，相互协作。

民营企业尤其应该加强企业文化建设，在生活和工作上关心员工，了解他们的思想动态，并及时给予引导。

另外，领导要发挥其个人魅力，宣扬企业文化，让核心骨干树立使命感和责任感，激发他们的斗志和热情，形成强烈的归属感。企业文化的实质是凝聚人心，把企业与员工紧密地结合起来，实现员工与企业的双赢。

8.1.3　加强人才的合理流动

在跨国公司，人员流动是很正常的事情，他们甚至鼓励流动。很多公司都有“up”或者“out”规则，如果在一家公司两年内没有“提升”，那意味着你应该“离职”了。这并非公司的成文制度，而是一种文化，一种约定俗成的心理契约。

有的公司甚至有这样的“潜规则”：如果一个员工在两三年内没有跳过槽，说明他太安于现状，缺乏激情，公司是不欢迎这种人的。当然，我们不是提倡员工流动，只是想表达一种理念：人才合理流动是有利的。

“流水不腐、户枢不蠹”，人才的正常流动有利于保持企业的活力。当然，核心人才流失，必须慎重。核心人才不仅在技术、管理上有突出的专长，更重要的是他们的技术、知识和资源在短期内无可替代，导致企业因他们的离去而元气大伤。

要解决这个问题，必须加强人才的有效流动，摆脱对某一个员工的习惯性依赖。如适当的轮岗，通过与猎头等合作寻找优秀人才，促成良性竞争。对于核心技术和资料的掌握，最好建立一个互相监督和约束的机制，否则，很容易导致核心员工闹情绪要挟企业，甚至离职而给企业带来巨大损失。

8.1.4 重视人才梯队建设

企业缺乏人才梯队建设，常常导致内部员工坐失升迁机会，挫伤个人工作积极性，产生茫然和工作倦怠，从而导致恶性循环，让企业失去对员工长久的吸引力。

单纯走外部招聘渠道，又存在业务上手慢、忠诚度低、甚至不认同企业的价值观、组织信念，导致人才流失频繁。可见，关注内部人才培养与选拔，建立企业内部人才梯队势在必行。

很多外企在人才储备方面都有这样的规定：如果你还没有培养出能够代替你的下属，你是没有升职资格的。

这其实不难理解，既然你是这个位置最合适的人选，如果你晋升，企业就是在浪费人才。此外，每个人都有离职的可能，因此你必须培养出能够代替你的员工，否则就是你工作失职。

企业对于核心岗位的员工，必须建立相应的“传、帮、带”制度，将此项工作纳入绩效考核指标，并建立相关的考核标准和流程，以保证核心员工知识的“备份”。企业可将导师带徒制度细化，并辅以技术比武等有效促进。人才梯队的建设，不仅要作为一种制度加以制定和完善，更要形成一种知识传递和共享的学习氛围，形成一种学习型的文化。

8.1.5 沟通与激励是最好的催化剂

从短期来看，最迫切的是解决眼前问题，以不影响生产为前提。

虽然现在大学生就业越来越困难，但那些掌握核心技术、具有丰富实践经验的经营管理人才，依然供不应求，极为抢手。

这种供需不平衡的局面，导致员工得寸进尺，贪得无厌，而企业只能忍气吞声，哄着宠着，纵容着。怎么破这个局？最快捷的办法莫过于沟通！

民企的确面临很多的问题，因技术人才的稀缺，导致企业一直处于被动。但“人非草木，孰能无情”，每个人的骨髓里都潜伏着使命感与责任感，希望为企业做出贡献，希望自己能有所成就。我们必须通过有效的沟通将其内心的正能量激发出来。

关于导师费，不否认有些企业是按月发放，但有一些企业更看重带徒的质量和结果。支付带徒费没问题，但应该让我看到那些徒弟都在做些什么吧。如果的确发挥出中流砥柱的作用，别说带徒费，升职都不是事。

对于一些得寸进尺的技术骨干，沟通很难奏效。为了不影响生产，企业只能一次次纵容。

曾经广为流传的一句笑话，“你可以不为五斗米折腰，但如果是五十斗，五百斗呢”？解决核心员工管理难，激励机制必不可少。

有时候，员工之所以贪得无厌为所欲为，除去个人职业道德问题，主要在于不可替代性。如何快速改变这种局面？唯有激励。

通过物质激励、精神激励和工作激励等多种方式结合，辅以富有激励的薪酬体系和分配制度，使核心员工自身价值远超市场水平。

这样的激励措施，不但能够吸引优秀人才加盟企业，增强企业技术人才的厚度和高度，而且可以激励企业更多的优秀人才钻研业务，提高技术水平，形成良性循环；同时更有利于激发年轻人学习技术的主动性。

谈到最后，给不给“导师费”反而成为次要的问题。用任正非先生的话说：“没有预见，没有预防，就会冻死。那时，谁有棉衣，谁就活下来了。”这段话启示我们，企业负责人要学会居安思危，不断地规范管理，优化流程，通过对企业自身存在问题的分析和对未来的预测，提炼出解决之策。

8.2　留个缺口给别人

我在一个 200 名工人的工厂工作，各项管理、人事制度不是很健全。车间里有一位班长，因为他脾气暴躁，人又强势，厂里不是很满意，最近打算从内部提拔一位员工作为班长储备，安排他带着员工熟悉班长工作。他强烈不满，以为是顶替自己来的，并扬言说要给这位员工好看。我们获知这些信息以后，为了避免造成不必要的麻烦，决定暂停调职。但事情已经发生，我们如何处理更合适呢？

现实中经常出现这样的错位：遇到问题，我们不是积极面对它，解决它，而是不做调查地擅用替代法，导致问题更尖锐，矛盾进一步激化。

8.2.1 真正需要解决的两个问题

我们先梳理企业目前存在的问题：各项人事管理制度不健全；对班组长的岗位特征认识不清；对其暴躁强势的个性缺乏有效管理；未将“不满意”明确为“不称职”；缺乏有效沟通……

这个事件，看似是员工的素质问题，其实反映出公司在制度流程、员工管理、企业文化等方面的缺失。

处于基层的班组长，往往文化水平不高，管理能力有限，但最大的优势在于执行力强，有一定的号召力。如需替换，必须考虑影响。班组长一般会影响到整个班组人员的流动，经常是“谁有人，谁有话语权”。

其实，我们真正需要解决的问题只有两个：一个是班组长的考核，如果考核不通过，调岗或淘汰；一个是班组长岗位空缺后的人员补充，走外招或内部晋升途径。

在解决第一个问题时，我们要学会综合评价一个员工。班组长这个岗位，到底是关注个性，还是关注产值和品质？仅仅一句个性暴躁、领导不满意，如何让人心服口服？

这个问题牵扯到任职资格。一般来说，任职资格属于工作说明书的内容，从工作分析中得出。然而，在实际工作中，不仅是工作对人的选择，也存在人对工作的选择。

判断一个人的优劣，应该看其能为企业创造利润，多则优，少则劣。我们不仅要关注创造的价值，更要关注产生的成本；不仅要关注“谁最能把本职工作做好”，更要关注“谁最愿把本职工作做好”。

第二个问题的解决其实有一定的条件要求，即在第一个问题完美解决后，再开始实施。

8.2.2　管理中的平衡

我们解决问题时，容易走两个极端：要么补丁式地拆东墙补西墙；要么过于讲究体系化，影响效率。我们要做的，是如何在两者之间找到平衡。

管理中，我们经常谈到“人性化管理”，但如何尊重人性，如何实施，却一直没有很具体的体现。

再回到班组长这件事，面对强势的员工，我们到底“以柔克刚”，还是“以暴制暴”？“他强由他强，清风拂山岗；他横由他横，明月照大江……”这是《九阳真经》里的口诀，很多人都说是禅语，我倒认为，这也是我们面对强势、蛮横之人时，应该具有的一种宠辱不惊的心态。

8.2.3　维稳才是关键

如果我们在发现班组长有暴躁、强势的个性特征后，选择积极沟通，而不是想当然地替换，不至于不尴不尬、进退两难。谈到最后，整个事件解决的关键还是落在沟通上。

- 沟通前的准备。尽可能地得到更多人的建议，获得更丰富的沟通数据。
- 本着“对事不对人”的原则，既要客观，做到透彻说理，又要注意措辞。
- 换位思考，诚恳地考虑对方的利益和需求，不简单粗暴地命令或指责。如果真这样做了，也就不会安排班组长带着储备人员熟悉工作了。
- 注意沟通后的反馈和确认，没有反馈和再确认的沟通无法达到最佳效果。正因为缺乏沟通和反馈，所以才导致班组长的强烈不满，对储备人员的极度排斥。
- 沟通时不应只着眼于当下。对于作出的贡献给予肯定，但也不应该忽视对企业使命、理念、愿景等方面的要求。

- 沟通必须做到言行一致，以诚相待。如果沟通者说的和做的是两码事，态度盛气凌人，沟通效果可想而知。
- 在聆听他人陈述时应专心倾听，真实地了解对方在说什么，保持沟通的顺畅。

有效的沟通会拉近彼此间的距离，很多事情说清楚了，解决反而成为最简单的事。这时候，我们应该有一个缓冲期，对强势的班组长冷处理。这时候往往能激发强势员工争强好胜的一面。如果在沟通后班组长能认识到不足，并积极改进，没必要一定要换人吧。

正如曾仕强《领导 VS 管理》中所讲："领导比较柔性。制度比较刚性，所以领导处事、做决定时就更有原则性，制度管理执行时就要柔性，但制度化的管理不是最好的管理，管理要表现得很有深度。"因此，只有在刚柔之间把握分寸，才能让自己无往而不胜。

中国人的管理标准很简单，"合理就好"，这与西方人讲究的"合法就好"是不同的。因此，这件事没必要分出对错，关键是维稳，保证工厂班组的正常运作。

8.2.4 招聘与人才梯队建设

在问题基本解决后，还是想补充两点：一个是招聘；一个是人才梯队建设。

现在的招聘宝典层出不穷，无论你如何提问，都有不止一种对策，涌现出很多面霸——面试表现优越，但实际能力欠佳。这要求我们必须与时俱进，不断深化面试。如完善招聘体系，完善招聘流程和接地气的能力测试，针对不同人员设计不同的面试方式，确保人岗匹配。

作为工厂的班组长，想管理好一线的员工，还是强势一些好。从这个角度看，面试应该是成功的。

人才梯队建设决定公司深度。建立人才梯队离不开公司战略目标，但鉴于公司制度不健全，估计不一定有完善的发展目标。该如何建立人才梯队？

- 调查本地区同行业人力资源状况及有关人才分布情况，通过与同行业对比，找到自身不足，从而弥补。
- 明确人才梯队层级。既然是人才梯队，就有储备之意，有层级之分。对人才梯队的层级进行合理的规划，是建立人才梯队的必要前提。
- 建立人才培养体系，设计实施策略。人才培养不是看见哪个不合适就找哪个人去培养，谁会精心培养自己的替代者？因此必须建立储备干部培养任用计划、人才培养体系和具体的实施步骤。
- 建立人才评价、评估体系。根据制度培养和选拔人才，对梯队成员进行工作跟踪及考核。如果只有制度，而不去执行，人才梯队建设将形同虚设。

归根结底，面对强势员工，公司在注重管理的刚与柔之外，在人员的招聘面试、任职资格审核、试用期综合评价、日常管理考核、员工提拔任用、后备人才的储备等方面，都还有很长的路要走。

8.3　其实，能力与性格是两回事

我们是一家销售型企业，有一个销售经理，业务能力比较强，带人能力也不错。但她喜欢不分场合地散布一些负面信息，如一加班就说客户坏话、后勤支持上慢一点儿就不停抱怨等。不管在谁面前都这样，领导的话也时常听不进去，经常一句话噎死人。像这样恃才傲物的员工，该如何去管理？

心理学巨匠威廉·詹姆士说：播下一个行动，收获一种习惯；播下一种习惯，收获一种性格；播下一种性格，收获一种命运。

8.3.1　性格决定命运

我们尝试逆向思维，一个人，为什么会有今天的命运或结果，与性格密不可分，而性格是习惯的日积月累。

根据行为心理学的研究结果，三周以上的重复会形成习惯；三个月以上的重复会形成稳定的习惯。即同一个动作，重复三周就会变成习惯性动作，直至成为稳定的习惯。

如果把性格理解为人与环境相互作用的一贯的心智和行为模式，那么，性格决定命运。

人的命天注定，这话虽不绝对正确，但也证明在很多人心目中，命运是不可更改的；江山易改本性难移，则间接说明改变性格的难度。习惯对我们有着很大的影响，因为它是一贯的，在不知不觉中，经年累月地影响着我们的行为，影响着我们的效率，甚至左右着我们的成败。

8.3.2 人才有用不好用

要改变一个人的习惯，只能从改变一个人的行为入手。我们常说“金无足赤人无完人”，也明白一分为二辩证看待人和事的重要性，只是遇事便不知所措，大脑一片空白，所有对策全抛到九霄云外。

有人把员工分为人才、奴才、是人才又是奴才、不是人才也不是奴才四个类型，并经典总结：人才有用不好用，奴才好用没有用。无疑，这个销售经理是个人才，问题是我们如何才能用好这个人才。

8.3.3 先分类，再评价

销售业绩优异又会带人，无疑是人才。我们来看看她所谓的负面信息：第一个是加班就说客户怪话；第二个是后勤支持上慢一点儿就不停抱怨；第三个算沟通吧，一句话噎死人……

从反映的内容分析，并非完全负面。我建议对她提出的所谓负面信息进行归纳分类：哪些是公司实实在在存在的缺陷；哪些有夸大成分；哪些是无中生有……

我们还可以从不同的角度对负面信息分类，如重要性、时效性、影响力等。

通过分类，我们很容易对她的行为产生综合评价。毕竟作为公司一员，指出某些管理缺陷，是值得肯定的行为，至于场合或态度，我们可以适当淡化。此外，如果在谈话中鼓励其多提完善建议和方案，学会站在管理层的角度去解决问题，相信对她的触动和改变一定非常大。

8.3.4　将心比心，才是根本

在将其捧得很高很舒服之后，我们也可适当提出具体要求：提宝贵意见，我们欢迎，如果通过晨会、企业邮箱等渠道或方式提意见就更完美了。

针对她提出的问题或建议，我们可以在周例会上跟踪落实。这样既给了她足够的尊重，又可以让更多的人认识到工作中存在的不足，改善跨部门沟通，提高办事效率。

看来，提建议也是一把双刃剑：好了是合理化建议；过了则是负面信息。如果有必要，可以设置一些渠道，规范提建议的方方面面；也可以对合理化建议进行奖励，鼓励更多的人参与其中。

恃才傲物的人一般都好面子，直接要求不要怎么做往往适得其反。如果公司还有类似的人或事，也可以以这个人为例，进行侧面提醒。

这样处理可以吗？我认为还远远不够。俗话说，知己知彼。那么我想问：你了解她吗？她的家庭幸福吗？家里负担重不重？生活压力大不大？

人是一个矛盾综合体，有温和的一面也就有凌厉的一面。毕竟耐心有限，把耐心耗在其他地方，在单位难免简单粗暴。

因此，全方位立体式地了解她显得很有必要。知己知彼，将心比心。如果她工作之外的确有困难，如孩子学习不省心，我们可以选几个年轻的员工，辅导孩子作业；如家里有老人需要照顾，我们尽量不安排她加班……凡事将心比心，得到其内心的认可，才能从根本上解决问题。

至于很多人提倡的绩效控制、罚款，在我看来是下下策，除让她变本加厉，甚至走人之外，对公司并没有什么好处，绝对损人不利己。恃才傲物的员工，都有着骨子里的傲气，只有了解事件形成的内外因，换位思考，将心比心，才能真正双赢。

8.4 细节、考核与习惯

我们是一家医药公司，很多人都是老员工，大部分是熟人推荐进来的。有一部分员工没有责任心，做事拖拉，经常犯一些小错误，但是又不能开除。很多时候，这些小错误稍微留心都可以避免。因为是医药公司，所以对运输药品的车辆卫生有一定的要求，有一次我去突击检查，发现车辆卫生非常糟糕，要对当事司机进行惩罚，可是司机居然说我检查的时间不对，没有提前通知。请教大家，对于这种屡教不改、经常犯小错的员工该如何处理？

很多时候，我们习惯直接找答案，却是知其然不知其所以然。与其追问“对于屡教不改，经常犯小错的员工该如何处理”，不如分析员工拖延、犯小错的深层原因，从而标本兼治。

很多时候，答案往往就在提问中。我们可以简单梳理下，老员工为什么会犯拖延症、小错不断、屡教不改？

老员工多，工作没有激情；内部推荐人员多，素质参差不齐；缺乏责任心，做事拖拉；缺乏必要的处罚权力……

似乎是员工的错，似乎无法管理，似乎有制度而无执行……当这些问题摆在面前时，HR 能做些什么？我们能否跳出问题想对策：老员工该如何管理；内部推荐人员如何融入；员工缺乏责任心，积极性如何调动？

为什么整个公司会形成拖延及小错不断的风气，根源到底在哪里？

① 企业文化的影响。一个企业有主文化及次文化之分，如果员工的行为被次文化引导。那么，即使再优秀的员工进入企业，也会被企业次文化重新塑造，一旦整个企业都被这种文化氛围所笼罩，拖拉、不负责将成为常态，依赖突击检查显然无法根治。

② 法不责众思维。那些经常犯拖延症和小错误的员工，笃定凭这些问题，HR 是不会处罚或者辞退他们这类人的。长此以往，必然有恃无恐。

③ 不够自信，得过且过心态。员工不自信是导致拖延的一个重要原因。不够自信的人，很在意别人的看法，容易产生逃避心理，抱着得过且过的

心态混日子。这类人往往对自身没有什么要求。

④ 内心消极颓废，觉得什么事都无所谓。内心不积极上进的人，很容易懒散、颓废，觉得什么事都无所谓。他们很喜欢找借口，而不是从自身找原因。这样的人拖延或小错不断有什么好奇怪的。

面对小错不断这样一个群体，我们该如何应对？一般的应对策略，先定制度流程，然后按照制度流程的要求去检查；通过处罚等手段达到改进的目的。这样的做法无可厚非，但效果有多大，相信大家都深有体会。

一个不结合企业文化的制度，一个不符合实际情况的制度，一个打破习惯的制度，执行有多难？几乎会遭到所有人明里暗里的排斥，如果再没有高层的强力支持，绝对是腹背受敌，最后不了了之收场；要不完全流于形式。

另一个常用的应对办法是绩效管理，但收效甚微，毕竟说到底，绩效也只是种管理工具，如果没有可靠的数据来源和日常管理支撑，也只是摆设。毕竟数据的提供需要各部门的配合，在没有取得大部分人特别是中高层支持的情况下，数据来源很难保障。

也有一些务实的企业，通过渠道控制和具体监督达到改善目的。如常用的缺陷管理群，有任何问题都可以发到群里，接受众人的监督。这样做的好处是把 HR 从孤立的处境中解救出来，形成群体效应。开始的时候会对缺陷群的活跃度有一定的要求，尤其是中高层在缺陷群的活跃度，HR 或行政会对群内反映的问题进行跟踪汇总。这本来是一个不错的方案，但时间久了，还是不免流于形式。

效果比较明显的方式是针对中高层突破，将重点放在中高层会议上，结合缺陷群实施。如让各个科室负责人针对性地自查自纠，然后将存在的问题记录跟踪；再组织质量服务委员会进行定期巡检，与各科室反映的问题进行验证，最后拟定出各科室的改进计划。

每一种方案如果实施顺利，效果都很可观，只是因为体制、习惯等因素使得效果严重缩水，尤其意识不到位，更对执行有着致命的影响力。

管理不难，找到问题产生的根源后，唯一的难点在于执行者的魄力。

我们不能因为怕流于形式便作茧自缚或敷衍了事。随着各种考核激励方案的实施，加上培训等配套措施，立体式的效果将逐渐显现出来，工作氛围、员工意识正朝着我们期待的方向良性发展。

8.5 中高层无执行，谁之过

我刚入职一家电商公司任行政人事经理。销售部的总监及经理在公司成立的时候帮助过老板，老板一直对他们非常客气，但他们做事却非常拖拉、懒散，执行力很差，如他们上班都不打卡，一般都是十点才到公司。老板在会议上提出来后稍微有所改变，但只要老板不在公司就故伎重施。甚至有时候还在上班期间偷偷打游戏，我也私底下提醒过他们。老板现在意识到问题的严重性，想让我来改变这种状况。我也找他们聊过，但效果不大，他们平时也不是特别配合工作。请问现在我该怎么做才好？

管理层出现消极怠工的问题，应该是公司的管理出了问题。要改变现状，必须先理清思路，找到问题的关键。

8.5.1 凡事多问几个为什么

老板所谓的问题严重性，到底指的是什么？是员工对领导的行为有非议，还是销售业绩有下降趋势？

你的谈话内容侧重哪些方,效果不显著的原因有哪些？企业文化导向，还是内部激励，或者我们只看到了表象，虽然他们十点才来上班，并没有打卡，却自觉的接待客户，处理业务，不需要监督和督促。

老板让你改变这种状况，你准备采取哪种方式？建章立制、处罚、私下沟通、换人……才能凸显你的能力？

8.5.2 学会抓主要矛盾

面对中高层的散漫和老板的要求，你必须找准方向，在纠正行为与确保利益之间做出取舍。方向错了，执行再好，结果也不会太好；方向对了，如果执行不到位，结果同样不会让人满意。

考虑到老板的要求、你所扮演的角色、中高层的各种反应……这个问题处理起来，难度实在不小。因此，建议先抓主要矛盾。

什么是主要矛盾？如果销售业绩明显下滑，我相信这件事老板不会交给你处理。为什么？成本太大，老板耗不起。因此，可以将精力集中在行为规范上。

世界上没有任何事情是绝对的，自由也是。没有法律的约束，自由会泛滥成为堕落。公司亦如此，要达成年度目标，必须组建有纪律的团队；团队要完成目标任务，每个成员必须用严明的纪律自我约束。

中高层带头不打卡，工作氛围肯定要受影响。老板旁敲侧击，却收效甚微。到底如何做，才能改变目前这种状态？

8.5.3　工欲善其事，必先利其器

对于行为规则的纠正，制度是基本准则。只有建立健全公司的规章制度，才能做到有据可依，按章办事。如员工考勤管理办法、员工行为准则、员工奖惩制度等，有针对性地对迟到早退、外出、旷工等违规行为作出切实可行的惩罚，并进行公示。尽量做到公平、公开，对所有员工一视同仁。

再完美的制度，只有落地才能彰显价值。提倡打卡、现场巡视等是最直接的办法；要求主持或参加销售晨会，是相对迂回的策略；也可以拿违纪员工做文章……无论采取哪种方式，只要他们不越界，不踩雷，则相安无事。

纪律是理念、行为习惯和价值观的体现。违纪行为，其实反映出个人对公司理念和价值观的不认可。

《道德经》第三十六章曰：“将欲取之，必固与之。”即你要从这儿拿走什么，你能先给他们什么。这是对人性的把握。

HR 可通过开展培训、组织文化活动等各种手段改善工作氛围；采取工作汇报、质询会等形式给个人行为戴上紧箍咒；还可以制定销售目标，追踪过程指标……观察他们对每种策略的反应，找准需求，对症下药。

8.5.4 分化战线，合理借势

人资怕的不是员工违规，而是违规后无法去处理或纠正。员工最喜欢看你恨他却又干不掉他的样子。既然老板的点拨收效不大，谈话效果又不明显，我们可以换一个策略：对违纪中高层进行分化。

先找销售经理谈话。这个谈话必须足够正式、严肃，最重要的是，适可而止地透露老板对其的器重和期望，以及对另一位经常迟到早退的不满。

你猜对了，的确是要分而治之，破坏统一战线，让销售经理与总监之间形成竞争，甚至产生危机感。

为了更逼真一些，可建议老板适当削弱其权利，招聘或提拔新人，再观察他们的反应。

那些陆陆续续参加面试的销售经理、那些跃跃欲试的新人，就是你的势。你要会合理地借势。

8.5.5 架空或辞退

处理这类问题，一定要领悟到老板的真正意图，到底要规范纪律，还是想小换血，或是追逐利益最大化。

如果他们依然我行我素，拖延散漫，真是病入膏肓无药可救了。你必须建议老板，保护好公司的核心机密和客户资料，直接派人参与具体业务，逐步架空。

如果中高层行为散漫，甚至严重违纪，通过各种渠道收集违纪证据，人资部责无旁贷。

日常管理时出现违纪，人资部必须体现出执行力，通报、记过、处罚……一个都不能少！通过这些处罚，观察他们的反应，是否有所收敛；如果没有，则将问题公开化，甚至考虑如何走辞退流程。

许多员工视纪律为洪水猛兽，其实没那么恐怖。英国克莱尔公司在新员工培训中，总是先介绍本公司的纪律：“纪律就是高压线，它高高地悬在那里，只要你稍微注意一下，或者不是故意去碰它的话，你就是一个遵守纪律的人。”

第 9 章

为什么晋升的不是我

职场中，很多人一直努力奔跑，毫不懈怠，最后却发现前路一片迷雾，找不到方向。那么，如何规划自己的职业生涯，在面临发展瓶颈时顺利突破？如何在瞬息万变的职场江湖中，找到晋升的“黄金法则”？

9.1 想晋升，要么有标准，要么有标签

我在上海一家五星级酒店任人事专员，人事部门有三人，但大部分工作均由我负责。公司之前有承诺，如果我能把工作承担下来，会将我转为人事主管。现在我已入职三年，也谈过几次晋升，但都没得到正面回复。今年我又跟总经理谈了一次，才将我的职位调至人事主任助理，虽然肯定我的工作表现，但是还需一段考察期。我觉得有些心灰意冷，工作积极性也降低了，开始得过且过。现在对自己的这种懒散有些迷茫。我该如何改善和调整心态，还是应该干脆裸辞寻找下一个平台？

很多时候，晋升只是一个机会，能否抓住取决于很多因素。即使没有晋升，我们也不必沮丧，关键是深入分析晋升失败的内外因，再一次明确自己的职业兴趣与职业定位，为下一次晋升蓄力，而不是情绪低落，消极迷茫。

9.1.1 冲击式晋升只是假晋升

老板不兑现承诺，导致晋升失败？

这理由似乎无懈可击，其实不然。从工作内容上我们可以找出最大短板：日常工作内容简单，可替代性强，缺乏核心竞争力……

考察期长，变数太多？

从组织架构分析，人事主管岗位可有可无，主任助理更是完全虚拟。这个调岗，让我想起“冲击晋升模式”，把不胜任、无创造力、无生产力

甚至碍事的冗员升调到组织的高一层级的一个可有可无的、职位上，彼德在“彼德原理”中称之为冲击式晋升。

冲击式晋升是假晋升，获得晋升的员工并没有比以前担负更重职责，并没有在新职位上完成多于原先职位的工作量。如果说冲击式晋升是纵向晋升，则蔓藤式晋升是横向晋升。如把业务划分成许多区域，把不胜任的一些人员外放到各省，担任所谓地区副总裁职务。

能否晋升，有时候取决于公司的晋升通道和模式。

如果你根本找不到人事主管的晋升标准，甚至连岗位职责都没有，公司做出这样的晋升承诺，有多大的诚意？

为什么迟迟没有晋升，除了能力之外，老板可能会考虑用人成本、工作态度、稳定性、忠诚度等因素。

9.1.2 晋升的前提是价值体现

前段时间，朋友咨询有关晋升的事，他再次与老板提出晋升，但一直没得到回复。细问之下得知，这已经是他今年第四次提晋升了。我对他讲，你的能力应该是达标的，但频繁要求晋升，给人的感觉更像要挟，工作没出多大成绩，晋升的胃口倒是涨得挺快。这样的人谁敢重用？

晋升不是一味向老板提要求，我们更要学会展示自我，在工作中体现出本身的价值和重要性。

魏文王曾问名医扁鹊：“你们家兄弟三人，都精于医术，谁是医术最好的呢？”

扁鹊：“大哥最好，二哥差些，我是三人中最差的一个。”

魏王不解地说：“请你介绍得详细些。”

扁鹊解释说：“大哥治病，是在病情发作之前，那时候病人自己还不觉得有病，但大哥就下药铲除了病根，使他的医术难以被人认可，所以没有名气，只是在我们家中被推崇备至。二哥治病，是在病初起之时，症状尚不十分明显，病人也没有觉得痛苦。二哥就能药到病除，使乡里人都认为二哥只是治小病很灵。我治病，都是在病情十分严重之时，病人痛苦万分，病人家属心急如焚。此时，他们看到我在经脉上穿刺，用针放血，或在患处敷以毒药以毒攻毒，或动大手术直指病灶，使重病人病情得到缓解或很快治愈，所以我名闻天下。”

很多时候，我们踏实勤恳做事，老板认为理所当然。社保、薪酬、离职面谈等工作，让其正常运转不难，难的是让老板认识到这些工作的价值。如社保年审，没有你的关系公司可能会被处以高额罚款；薪酬总能在激励与成本间取得平衡；离职面谈你总能发现问题并提出解决方案……这样的人才，哪个老板舍得放手？

很多人固执地认为：能力决定晋升！

有些老板则认为：能力越强，威胁越大，如果放在重要位置，出现状况，对公司打击更大。因此，在体现能力时，别忘记让老板看到你的忠诚和敬业。

晋升失败或达不到预期时，保持心态很重要，切忌牢骚满腹，消极怠工。如果老板在摇摆不定的时候看到这样的工作表现，还如何重用？

9.1.3 晋升加分的小技巧

晋升的成败，除了岗位的替代性、老板的用人策略等外因，内因的重要性也不容忽视。性格决定命运，细节决定成败。哪些细节会潜移默化地影响上司，甚至决定老板对你的印象？

1．沟通方式

关于晋升，你先后与部门经理和老板反复沟通，却没有得到正面回应。多次拉锯战后，才将你的职位调至人事主任助理……关于是否晋升，已经拖了一年半载。这样优柔寡断的沟通方式，如何让领导信服？

我们经常听到这样的言论：某某工作能力很不错，就是态度……学会听领导话里的内涵，才能有针对性地表达。

我们在开口说话之前，应该想一下，怎样的表达方式更专业、更准确、更高效，无疑是最好的沟通方式。

2．服饰决定前途

五星级酒店的人事专员，对服饰应该有明确要求。这一点在酒店、金融等行业尤其显著。如果只注重时髦前卫，而忽视与企业文化相得益彰，甚至与公司形象格格不入，往往被认为是不专业的表现。

在办公区域，尽量穿符合公司要求的服装。有时候，这些细节也会影响晋升，此外，办公用品的摆放也需注意。

3．心态需要打磨

没有良好的心态，如何晋升？晋升失败，心灰意冷，工作消极，得过且过。这样的人如何配得上晋升？

作为领导，不仅自身工作积极，还善于适当激励下属，更多的需要一种韧性。如果这是一次考验，很显然，你不合格。

9.1.4　关于跳槽

跳槽，是网络上比较热门的话题。

厌倦了工作内容，不想简单重复，跳槽；公司太烂，学不到东西，跳槽；老板人品有问题，跳槽；看不到发展前景，跳槽……晋升失败而跳槽，自然也不值得大惊小怪。

这些跳槽有一个共同点：每次跳槽都有合适的借口，每次跳槽都匆忙而草率，根本原因在于逃避问题或困难。

跳槽应考虑与职业规划的匹配度，而不是随心所欲，想跳就跳。

我的一位朋友有过两次跳槽经历，第一次从国企经理跳到民营企业作总监；第二次从民营总监跳到外企副总。他最近正在准备第三次跳槽，这次计划去一个全新的行业，从一线员工做起，挑战自我。当时与这家企业负责人谈话中，给他印象最深的还是那句话：我不是要找职业经理人，我要的是事业合伙人。而这恰恰也是我朋友看重的！

跳槽已经成为职业发展的一种手段和途径，但绝不是唯一的途径。跳槽之前，先考虑清楚未来十年甚至二十年的职业目标，更容易发挥自身的长处和优势。

关于跳槽，我们首先要完成从大学生到职业人的转变。很多人由于定位不清，习惯性跳槽，导致越跳越差。职业前期的跳槽，必须完成从普通员工到基层主管的转变和成长；再次跳槽，需要积累中层管理干部的管理经验，真正走向管理岗位。

到底该不该离职？其实并不难选择。如果在没有合适机会前先“卧槽”，在遇到机会时，为自己准备一张表格全面剖析，包括工作环境、文化差异、上下级关系、老板为人等方面。目的在于通过理性的数据，帮助判断新工作和目前工作的差异，最后通过评分明确对未来的选择。

9.2 没经历失败，不要说看透了职场

前年毕业后我加入一家建筑装饰公司做培训专员，一年多的时间里，成长了很多，部门主管也换了两任。我的现任培训主管要辞职，我先前一直认为这个空缺岗位非我莫属，为此感到十分振奋，工作积极性也更高昂了。但是就在前几天，领导安排了副总裁助理来主持培训工作，这个助理是我去年带过的一个实习生，他的情商很高，包括沟通、协调能力都很不错，我知道他有他的优点和优势，但是论专业度我是很自信的。虽然公司刚刚给我加了薪，但现在的心态很难调整，原本胜券在握的升职成了泡影，而且曾经自己带过的人突然成了我的上司，总觉得心里不舒服得很。我该如何调整？

提起“黑旋风”李逵，无人不知。当宋江和戴京被押赴刑场砍头时，李逵率先挥动一双板斧，逢人便杀，无人能敌。然而这样勇猛无敌的人，到了水中，却是旱鸭子，战斗力锐减。

我们每个人，在能力上也会有各自的瓶颈和弱项，它直接决定我们在职场中的竞争力和发展空间。

9.2.1 所有的失败都只是你的臆想

现实中，我们常盲目自信，八字还没一撇的事却自认为十拿九稳。这次晋升受挫，如醍醐灌顶，不一定是坏事。至少让我们清醒地认知自我：虽然我们可能“双商”不高，沟通协调能力一般，但绝非一无是处。

晋升失败，我们需要尽快从以偏概全的误区中走出，将挫败感完全清除。最重要的是，学会客观地看待自我与他人，不仅扬长避短，更要取长补短。

对于自己的专业度，你有足够的自信，也能清楚地发现他人的优点与优势。但具体到晋升这件事，依然当局者迷。

其实所有的失败都只是你的臆想！从头到尾，没有任何人，任何信号，宣布或暗示你是不二人选。

培训主管已连换两任，第三任也即将离职……你暗自兴奋，因为你一直认为，这个岗位非你莫属。

这样的想当然让你的工作积极性空前高涨。其实，我想说，你的沟通能力真的需要加强。一个人想得再多，如果不表达出来，有什么意义？

9.2.2　成功源于自我分析

换一个角度考虑，你可能会冷静一些。为什么培训主管连续离职，你却依然得不到机会？为什么这次你一定是不二人选？

我们常说，成功源于自我分析，只有了解不足，才能承认不足，接纳不足，然后完善改进。

有一天清晨，沐浴后的释迦牟尼对着自己的石像鞠躬敬拜。旁边的弟子看到这一幕，都感到诧异："师父，您的像，是弟子们敬拜用的，为何您亲自敬拜？"

释迦牟尼轻轻一笑，答道："求人不如求己。"

晋升，决定权看似握在领导手中，其实与自我的努力密不可分。如果我们立足根本，强大自身，是不是会有不一样的结果？

自我反省、修正的过程，正是我们不断成长的过程。很遗憾，你的无动于衷，导致连续错失良机。作为参与者，你扪心自问，沟通能力如此之差，真的适合培训主管这个岗位？

9.2.3 晋升的八大要素

很多人，职业生涯初期是努力而谦虚的，随着阅历增加，能力增长，野心开始膨胀。如果这时候出现一点点机会，他们会欣喜若狂、得意忘形；一旦不如意，则觉得整个世界抛弃了他，会一直消沉、裹足不前，甚至愤而离职。

以前带过一个徒弟，工作认真，喜欢钻研，又积极主动。当时单位内部准备提拔一个主管，他的确有资格参与内聘。他信心百倍，胜券在握，逢人就讲："这次怎么也该轮到我了，不然，这单位真没法干了。"

说者无心，听者有意。这话被有心人传到领导耳里，领导找到我："你这个徒弟啥都好，就是太年轻，不够严谨、稳重，要是哪天他说走就走，工作就太被动了。"

如果将晋升要素分解为专业、能力、情商、沟通、忠诚、学习、创新、协作等八个方面，专业最多占到 5% 的比例。

如果有一天你被淘汰，可能不是因为你的劣势，而是你引以为傲的优势。晋升更看重专业与能力之外的因素。有时候，能力越强，反而越难晋升。试想，一个不忠诚或缺乏稳定的员工，如何得到老板的重用？

9.2.4 从失败中汲取能量

很多事情，只有经历过才有发言权。

晋升失败，让我们看到自身很多平时被忽视的弱点。消极迷茫没有任何意义，找出不足，制定提升计划才是根本。

我们必须保持阳光心态，才能宠辱不惊，在职场上收放自如。任何人的职场都不会一帆风顺，想成长，必须具备从失败中汲取经验的能力。那种遭遇挫折一蹶不振，甚至落荒而逃的人，已经放弃了成长。

正确地认识自我，明确自己所处的位置，才能保持一颗平常心。你不缺斗志，也有勇于承担责任的抱负，但距离主管，还有很长的一段路要走。

从头到尾，你并未真正参与进来，最多算一个围观者，有什么资格心里不舒服？试问，你为这个岗位做过哪些努力？时间是最好的解药，最终你会发现，这件事在漫长的职业生涯中根本无足轻重，与其调整心态，不如调整你的处事方式，否则，下一次受伤的还是你！

9.3　解决问题，而不是制造问题

获得升职是人生喜事，但是，升职之后如何与下属相处，则不是人人都能快速学会的。当曾经的同事变成下属，沟通的尺度该如何把握？建立威信的同时，又该如何巧妙地拉近与下属的距离？当信任危机来临时，又该如何解决？

作为管理者，指出下属缺点并不表示管理者的高明，用好一个有缺点的下属，将不同类型的下属凝聚起来，形成优秀的团队，才是管理者的价值体现。

9.3.1　晋升的三种渠道

管理下属，这个度如何把握，取决于自身被认可的程度。换个说法，你究竟是如何晋升的？

- 水到渠成：其他人各方面都一般，你是众望所归，即使矬子里选将军，你也是不二人选。除了你，老板别无选择。
- 过五关斩六将：晋升竞争激烈，你和其他人水平基本上半斤八两，仅以微弱的优势取胜。这意味着：你并非无可替代。
- 空投：本部门人才济济，机会寥寥，于是被空投到某个部门委以重任，其他人都比你资深，比你专业。

一般晋升，都逃不过这三种情况。

9.3.2　晋升渠道与下属管理

第一种晋升，凭的是业务能力，做事是关键。你是他们中能力最强的，离了你其他人可能玩不转或运转不顺畅；同时，你是老板最看重的，能获得足够的支持！

一个中层，得到老板的认可与支持，已经成功了一半。只要不自满自大，拿不准的事多请示老板，维持住这份支持，便立于不败之地。如果再对下属照顾一些，恩威并重，树立几个核心骨干，基本上下属都在你的掌控之中。

第二种晋升，更多的来自于老板的认可，至于专业上，并不占什么优势。

我们都知道，一场轰轰烈烈的内部竞聘，彼此间都知根知底，谁胜出都算不上意外。这种晋升，很容易四处树敌。有些人根本不服你，总认为老板偏心甚至看走了眼，根本不从自己身上找原因。这些人，将成为开展工作的隐患。

遇到这种情况，我们要反思，明确自己胜出的主要原因，然后，强化这种优势。如果短期内不能掌控下属，那先保持这种优势，得到老板的认可，让自己有缓冲的时间。

第三种晋升，更多的是一种妥协。你可能有一定的能力，也有一定的资历，但这种能力和资历还不足以让你在本部门获得晋升，只能退而求其次。

老板用你，是妥协也是一次冒险。在新的部门，你没有专业优势，甚至也不一定有机会摆老资格，你做错几次，恐怕位置就丢了。甚至会有进退两难的尴尬：现部门待不下去，原部门回不去。

9.3.3 角色与心态的转变

晋升，是人生一大喜事，但绝对不能高枕无忧。曾经的同事变成下属，如何面对角色的转变？小心翼翼，随时注意沟通尺度的变化；迫不及待，建立自己的威信；煞费苦心，取得更多人的信任？

晋升对心态的影响显而易见。无论年轻有为，还是大器晚成，都会有点儿志得意满。那种绷不住的笑容，落在失落的同事眼里，会不会是小人得志的趾高气扬？

晋升之后，保持一颗平常心显得尤为重要。如果心态出现明显的变化起伏，认为领导要管理，要鸟瞰，要发号施令……

遇见这样“暴发户式”的管理，下属又该如何应对？他们会刻意与你保持距离，将你从原阵营中剔除，能躲则躲……当两种心态出现碰撞，往往是悲剧的开始。

很多因专业突出而晋升的员工，却在管理中施展不开手脚，处处受制，最后心灰意冷，以失败收场。

你的威信来自下属内心的认可，而不是所处的位置。水能载舟亦能覆舟，面对可能遭遇的冷场，拥有良好的心态，用耐心化解尴尬，才能赢得人心。

9.3.4　晋升后的沟通

晋升后如何管理？专业能力、老板的支持、角色与心态的转变……这些都需要关注，但不能舍本逐末。

当年一批晋升的人中，混得最惨的非机械队长莫属，后来我也发现其症结所在。

他经常这样做：“小王，给测量队老李打个电话，让派个车过来……”哪知小王根本不留情面，爱答不理：“要打自己打……”然后扭头走了，留下尴尬的他和惊讶的围观者。

事后小王找我抱怨：“真是拿鸡毛当令箭，分分钟的事，非要让我当传话筒……”这样的场景总是似曾相识。

沟通需要变化的，不是尺度，而是角度和高度。晋升初期，羽翼未丰，用生硬的命令，只会让下属心生抵触，让自己更快地失去群众基础。

管理更多地体现于协作，用协作替代命令，在工作中逐步体现出高人一筹的组织能力，更容易折服人心。

9.3.5　以身作则，以结果为导向

昨天你眼中完美的同事，今天却成为问题员工，上班玩游戏、聊 QQ、甚至串岗……人无完人，或许这正是曾经的你，甚至现在的你依然如故。

新官上任三把火，如果你的苛刻只是针对他人，如何让下属心服口服？假设你一边玩游戏，一边布置工作，肯定少不了人前人后的闲言碎语。这样的情景反复出现，必然使得融洽的工作氛围荡然无存。

以身作则是基本要求，下属更看重的是解决实际问题的能力。再多的承诺，如果没有落实，也难以服众。

解决信任危机的基础是解决问题。作为管理者，如果不能解决下属反映的各种疑难杂症，而是推三阻四，甚至杳无音讯，必然失去众人的支持。对于目前存在的问题，你能拿出多少有效的解决方案？

作为管理者，随意干涉下属的具体工作，指出错误并非高明，遇事避重就轻，甚至推卸责任，更是大忌。你应该学会为下属设定目标，适度激励，并帮助下属完成任务。

晋升后的心态很关键，管理的本质是一种服务，是踏实地解决实际问题，而不是一种特权。至于是大刀阔斧地改革，还是润物细无声地渗透，完全视情况而定。

9.4　意外晋升，让人不知所措

我在一家服装生产企业做了五六年的人资文员，对公司里的人、事都比较了解，感觉发展空间不大，薪资也一直加不上去，因此提出辞职。但不久之后人资总监找我谈话，说是要将我升为分公司人事主管。因为之前觉得升职空间不大，加上家庭条件较优，懒得学习更加专业的东西，现在领导一下子要让我接这个岗位，一方面觉得自己接下来有难度，另一方面却又跃跃欲试。我到底该如何选择，如何开展工作？

有人对马云说：打套拳来看看。马云没有丝毫犹豫便打了起来。事后有人问他：你有没有考虑到别人是在耍你？马云回答很简单：市场有需求我就做了！如果我不做，有可能机会就是别人的了！

晋升也是如此，不一定做那么多准备！机遇总是不期而至，转瞬即逝，等你完全准备好，可能已经出局了！

晋升意味着你将获得更大成长空间和发挥余地，各种意外之中和意料之外的困难，经历过都是财富。

9.4.1 人生的十四次机会

据说人的一生有十四次机会。而这十四次机会抓住了三次，这辈子就就无憾了。儿童期：2 次机会；青年期：3 次机会；成年期：4 次机会；壮年期：3 次机会；老年期：2 次机会。

扪心自问，我们浪费了多少机会，还剩多少可以挥霍。与其踌躇不前，不如好好珍惜眼前的机会，让自己一生无憾！

对于已经工作五六年的人资文员，年龄逐渐成为你的劣势，好在对公司的人和事比较了解，又得到人资总监的认可和支持。毫无疑问，应该抓住这次机会，迎难而上，完成从基层到管理的突破。

9.4.2 换思想，改思路

专员与主管是两个截然不同的岗位，说是职业生涯的分水岭也不为过。

专员做好本职工作即可，主管仅仅如此显然不够。有时候，主管要“争地盘”“推责任”；有时候，主管要在上级与其他主管间沟通协调；有时候，主管会直面各种“内忧”和“外患”……

担心自己缺乏系统知识体系，各大模块也是略知皮毛……这至少证明你能意识到自己的不足。专业知识不足，可以边干边学，尽快使自己从埋头干活的专员转变为注重计划、目标、执行、沟通的主管。

不懂如何做主管没关系，我们可以照猫画虎。不妨多研究一下主管的岗位说明书，逐条对比，明确标准与要求，查漏补缺，完善自我。

如果没有岗位说明书，你可以与人资总监沟通，了解他对你的工作安排。这样至少对岗位职责有个大概的认知。当然，现在网络这么发达，也可以结合行业特点，搜一些相关的岗位职责，有备无患。

9.4.3 专业与管理，缺一不可

一般晋升后，都急于用上佳的表现来回馈领导，证明自己，现实中事情并没那么简单。在众多同事中被提升为主管，肯定有人不满，而表现不满的方式之一是故意刁难，刻意保持距离；布置任务时消极抵抗，拒绝配合；不分场合地揪把柄、打小报告，甚至私底下风言风语。

如果专业过硬，虽然相处不和谐，至少不会影响工作正常运转。否则会提心吊胆，焦虑不安。如果专业实在一般，除了抓紧学习提高之外，必须依赖好的应对措施，如缓兵之计，或将表达权交给对方等，避免激化矛盾。

每一个职场人士的能力无非由知识、技能和态度三大基本元素组成。管理能力不足，很容易缺乏自信，如果得不到他人的帮助，自然寸步难行。

对主管而言，管理能力与专业能力同等重要。管理能力是一项综合能力，需要有指挥能力、决断能力、沟通协调能力、工作分配能力等。管理能力的培养不仅是我们在书本上学到的一些基本知识，更多的是我们工作中积累的经验，同时根据上级和下属的建议不断调整。

良好的职业素养更能体现个人的文化素养和自身涵养，能够得到下属的认可。以身作则不失为一种好的管理方式。

主管是一个承上启下的岗位。人与人的交往，常常是意志力与意志力的较量。不是你影响他，就是他影响你。作为主管，一定要培养自己的影响力，通过仪表、言行、思维、社交等，提升自己的人格魅力。

9.4.4 沟通与学习的重要性

沟通的目的不是谁输谁赢，而是为了解决问题。管理的本质永远是服务，是解决实际问题。公司是一个整体，作为其中的一分子，部门间的沟通不可忽视，部门内的沟通也同等重要，如下属工作中的难点，思想动态，甚至生活上的顾虑，都可以通过沟通动态管理。

沟通是双向的，不仅是你对下级的关心和鼓励，也是下级反馈意见的一种途径。作为主管，对下属，需要指导、协助和关心；对上级，更要主

动汇报，及时反馈，提出合理化建议。

当今社会是学习型的社会，企业也必须是学习型的企业，我们每个人也必须是学习型主体。学习不是死读书，更重要的是学会在实践中不断地汲取经验，不断自我提高。

只有坚持学习，拒绝固步自封，你才能缩短晋升的阵痛期，跟上企业的发展节奏，不断取得突破。在工作中体现自身的价值，让企业和个人达成双赢。

人生只有走出来的美丽，没有等出来的辉煌！不要再犹豫彷徨，只有抓住的才是机会。如何突破自我，走出一段"柳暗花明"的未来，唯一的选择是迎难而上。这肯定是一段炼狱式的经历，过去了你也就成长了。

9.5　理性看待升职加薪

我从事人力资源工作已经三年，目前还停留在专员阶段。按公司的职业通道：人事专员—高级人事专员—副主管—主管—副经理—经理，让人感觉升职加薪遥遥无期。我希望晋升到管理岗位，应该从哪些方面着手？

从经济学角度看，价值是价格的基础，价格是价值的货币表现。对于从业三年的HR而言，为什么还停留在专员阶段，薪水有限，升职遥遥无期？

这些都与个人价值息息相关，密不可分。在企业，如何体现自身价值，培养不可取代的核心竞争力？

如果你不愿意做别人拒绝的工作，如果你只是一片普通的绿叶，凭什么升职加薪？

9.5.1　升职加薪，赶早不赶晚

从概率角度看，升职加薪永远是小概率事件。从该公司的职业通道分析，应该是一家大型公司，这意味你将面临比较大的竞争。三年的时间，为什么没有脱颖而出？

你不缺奋斗的动力。假设你是优秀的，假设你的同事同样优秀，如果

有十名专员，则升职加薪的概率不到百分之十。如果企业人员稳定，这个概率甚至会无限接近零。

你必须明白一件事：升职与否，除了个人的专业和努力之外，更多的是环境等外因的影响。

从用人偏好讲，从事专员的时间越久，升职越困难。试问，你喜欢用充满活力的主管，还是资历比你还老的下属？

张爱玲说过，出名要趁早。升职也一样，必须趁早。晚了，错过了一次，甚至会错过多次。可见，升职加薪，机遇是关键，赶早不赶晚。这其实也不难理解，很多人做了一辈子会计、老师、厨师，却从来没有过一次升职。

9.5.2 晋升的硬件与软件

作为专员，良好的专业素质是升职的硬件要求。

专业能力过硬，你才能胜任这份工作，为领导排忧解难。如果你还纠结于发展招聘业务还是学习调整薪酬的阶段，显然不具备谈论升职加薪的资格。

良好的口碑，是获得上级和同事认可的捷径。专业之外，良好的团队意识、服务意识是升职的软要求。无论来自人资内部的评价，还是其他部门的肯定，对你的影响都至关重要。有时候升职，起决定因素的，正是那些看似无关紧要的一句评价。

出色的管理格局，让主动权牢牢握在自己手中。企业人员稳定，留给你施展才华的机会微乎其微，或许主管的一次休假，就是你唯一展示的机会。具备管理格局，学会换位思考，站在领导需要的角度处理问题，最终将你与普通专员区分开来。

9.5.3 不断扩大你的附加值

作为 HR，如果比拼专业知识，很难评定孰优孰劣。即使你有不错的口碑，出色的管理意识，晋升机会也不一定非你莫属。

换一个思路，假设你是单位 HR 中写作最好的，那么完全可以另辟蹊径，通过写作让各层领导重新认识你。

规模较大的企业，一般都很重视企业文化建设，内刊是必不可少的。经常发表文章，增加曝光率，能够让众多员工加深对你的印象与好感，甚至得到高层的关注。在专业不减分的前提下，写作成为你的增值项。

附加值需要不断地拓展，如大型活动的组织，论文的发表，合理化建议的提交……随着附加值增多，量变引起质变，距离升职加薪的日子还会远吗？

9.5.4　你想成为什么样的人

三年，是一个不尴不尬的时间段。有人用三年走完别人需要走十年时间的路，有人还在原地踏步。

你是否有清晰的职业规划？入职初期还是三年后，这两者有天壤之别。前者因为目标明确，计划清晰，他会“设计”第一年该做什么，需要达到的程度，保持行动与目标高度一致。积极的意义不仅是行动，更是一种掌控。而后者，只是因为别人升职加薪产生的焦虑。

晋升是日积月累循序渐进的过程。如果你三年后才考虑这个问题，显然落后别人不止一个身位。虽然同为专员，但区别很大，前者因为没有合适的空位而暂时为专员，而你因为只能做专员而为专员。

机遇，总是留给那些有准备的人。

升职加薪，是职场人梦寐以求的事，但不可控因素太多，我们必须保持平常心，理性看待，不因升职加薪而自满，也不因升职失败灰心丧气。这样的心态更利于我们客观认识自我。如果在这个平台上，你迟迟无法突破瓶颈，升职加薪机会渺茫，或许意味着，离开将是你最好的选择。

第 10 章

并不复杂的职业路线图

成功的职场生涯离不开精准的职业定位、明晰的目标设定和可行的通道设计。职业兴趣与职业定位，让职业选择变得简单起来。当然，只有坚定不移地按规划执行并适度微调，努力实现不同阶段的各种目标，把握住关键节点，才能完成从平凡到卓越的蜕变。

10.1 三种思维模式，碰撞出不一样的职业未来

我是一家印刷公司的人事专员，2011 年未毕业就进入这家公司，一直到现在。入职时，前辈带我实习一个月后离职了，后面也没有专业的人员来指导我的工作，几年来都是靠自己的努力，渐渐地做到娴熟。公司目前有两百多人，人事工作都是我一个人在做，招聘、培训、薪酬、劳动关系等，有时还负责接待，只要是能安排的工作都安排了，有时候感觉自己就是打杂的。最近我一直在思考个人的职业前景这个问题，想想自己的前途，太迷茫，说是人事，却又都不精，而且也不是科班出身。我不知道该怎么办，有离职的打算，但不知道怎么规划！

如果把职业生涯规划作为 HR 的一次长线投资，那么如何让原始股成为绩优股，将是我们长期关注的要点。

绩优股，指在某一行业中处于重要支配地位、业绩优良、交易活跃、公司知名度高、市值大、公司经营者可信任、营收获利稳定、每年固定分配股利、红利优厚、市场认同度高的大公司的股票。

一个 HR 的职业规划，无非是在招聘、培训、薪酬、绩效、劳动关系等六大模块间设计职业通道。使一个菜鸟级的 HR 达到专家级水准，让自身极具竞争力，获得社会高度认可，是职业规划的大方向和最终目标。

10.1.1 用绩优股的特点，明确职业生涯规划的影响因素

1. 具有较高的投资价值

绩优股拥有资金、市场、信誉等方面的优势，对各种市场变化具有较强的承受和适应能力，股价一般相对稳定且呈阶段性上升趋势。

一个 HR，想要实现职业规划，必须坦然面对工作、环境、人际关系等各方面的压力和挑战，才能在专业、管理、敬业度等方面获得企业认可。在具有了核心竞争力之后，对企业而言，你才有更大的投资价值。

迷茫是因为方向不明，导致裹足不前。逆水行舟，不进则退。刚参加工作能担当设计师的角色，这么难得的机会，为什么不试着去做精？换一

家公司，你可能连选择的资格都没有。

因此，在规划未来之前先问自己：是否了解老板的烦恼，是否明确同事的核心竞争力……如果一无所知，证明在人脉、经验、口碑、自我认知等方面，还远远不够。规划要有，更要有具体的实施步骤，才能体现自己的投资价值。

2. 回报率高、稳定

投资报酬率相当优厚稳定，股价波幅变动不大。当多头市场来临时，它不会首当其冲而使股价上涨。

一个优秀的 HR，无论大环境是好是坏，他都具有极强的竞争力；无论公司是大是小，规范与否，他都是领导眼里的骨干，员工心中的定海神针。因为他有稳定持续的高回报率。他总能及时招聘到适合企业的员工，他的培训总是得到员工的好评，他的薪酬绩效设计总有远超预期的激励作用……

HR 的职业生涯如何规划，前期无非是专一还是全面的选择，最后殊途同归，专一要向全面努力，全面也要逐项优化。可见，难的不是规划，而是如何一步步地提升自己，最终实现规划。

信息化的时代，优秀的学习交流平台如雨后春笋，但每天坚持学习的人有多少；能保持阅读习惯的人有多少；在学习或阅读后进行总结的又有多少？一个 HR 的职业生涯从规划到实现，与每天的努力密不可分。

10.1.2　用积分制的形式，解读职业规划的实现过程

假设菜鸟级的 HR 只有 1 分，完成职业规划需 100 分，我们如何在三五年的时间积累 100 分，完成自己的职业生涯规划？

1. 1.01 的 365 次方 =37.78343433289

1.01=1+0.01，意味着每天进步一点点，一年后，你将聚沙成塔，进步很大，远超于“1”。如果这样坚持下去，三年时间，你的积分将超过 100 分，量变引起质变，恭喜你，顺利实现职业梦想。

2．1 的 365 次方 =1

“1”是原地踏步。如果一年来你一直观望、迷茫，得过且过、原地踏步，那么一年后，你只能是原来的你，还是那个“1”。从一无所知到娴熟，很容易实现。当遭遇职业发展的瓶颈，无法突破，则会停滞不前。

3．0.99 的 365 次方 =0.02551796445229

0.99=1-0.01，意味着你每天退步一点点，你将在一年以后，远远小于“1”，远远被人抛在后面，将会是一事无成。逆水行舟，不进则退。每天退步一点点，看似无关紧要，三五年后，你会发现距离自己的职业生涯目标越来越远。每天比你努力一点点的人，其实，已经甩你太远。

数学中的 1 是一个永恒的话题，1 可以用来做加法，也可以用来做减法，同样可以用来做乘方。用途不同，结果自然迥异。正如 HR 的职业规划，我们在原点，是坚持奋斗，一步步接近目标；还是原地踏步，直至被梦想抛弃。

10.1.3 用战略规划的思维掌控 HR 的职业规划

所谓战略，是制定长期目标并将其付诸实施。做为 HR，无疑很清楚战略规划的重要性。从宏观环境、行业发展趋势到核心竞争力、面临的竞争等方面分析，制定战略、评估方案直到战略实施，是一个很正式的过程。

我们借用企业战略规划的思维看待 HR 的职业规划，其实很容易理解和操作。先找出自身的特质，再找出外部的影响因素、面临的机遇和困境、自身的期望等，制定出切合实际的职业规划。

如何落实？依然是层层分解到每年、每月、每周甚至每天。三五年的职业规划看似很遥远，但每天的目标只要努力就一定能完成，然后实现每周、每月每年目标，直至实现整个职业规划。

用投资的眼光看 HR 职业规划，其实就是从原始股如何提升为绩优股的过程；用积分制的思维去计算 HR 职业规划，其实就是从 1 分如何积累到 100 分的过程；用战略规划的思路去把控 HR 职业规划，其实就是三五年的战略规划与年度目标、月度目标的分解和落实。

如何制定职业规划只是一种思路，要实现职业规划，关键在于日复一日、年复一年永不懈怠自己的脚步，这个行动的决定权一直牢牢地掌握在自己手中。

“虽然我没有车没有房没有钱没有钻戒，但是我有一颗陪你到老的心……”，看到《裸婚时代》这段台词我就想笑。虽然我不会招聘培训、薪酬绩效，但是我有一颗努力奋进的心。提到职业规划，总绕不过选择这个词。从某种意义上说，我们的未来不是别人给的，而是自己选择的。认真对待每一次选择，才会有比较好的职业未来。

10.2　你不成功，不是机会太少，而是目标太多

我之前做了一年的人事助理，主要涉及招聘模块、员工关系模块，现已离职在找工作，摆在我面前有两个选择：一、进入一家互联网行业的中型企业做人事助理，这份工作各个模块基本都能接触。二、进入一家IT行业的中型企业做招聘专员，主要负责招聘这个模块，这份工作基本就接触这一个模块。现在我的困惑在于：像我目前这种状况：在人事经验相对少、各个模块都不精通的情况下，应该选择哪一份工作呢？

职业生涯初期，我们往往会陷入专精还是全面的两难选择：一招鲜可以吃遍天；“木桶效应”又告诉我们全面的重要性。如何权衡，的确让人纠结。其实，我们可以换个思路，从目标谈起，或许会豁然开朗。

为什么有些人能够脱颖而出，有些人却永远止步不前？两者之间差距不在于天分和能力，而是缺乏一个长久而具体的目标，去引领行动的脚步。

10.2.1　目标与选择

美国哈佛大学曾对一批毕业生进行了一次关于人生目标的调查，结果如下：27%的人，没有目标；60%的人，目标模糊；10%的人，有清晰的目标；3%的人，有清晰而长远的目标。

25年后，哈佛大学揭示了对这批学生跟踪调查的结果：3%的人，25

年间始终朝着一个目标不断努力，几乎都成为社会各界的精英；10% 的人，他们的短期目标不断实现，成为各个领域的专业人士；60% 的人，过着安稳的生活，有着稳定的工作，但没有特别的成绩；剩下 27% 的人，生活没有目标，并且还在抱怨他人，抱怨社会不给他们机会。

职业生涯中，我们会面临很多次的选择，却依然会纠结于如何选择。什么是正确的选择，不是风险最低，不是见效最快，而是从长远眼光来看，能给你更多可能性的选择。

一般人选择，更多地考虑行业地位、工作地点、薪资待遇、岗位延展性、个人发展机会等因素。当然，考虑这些并没错，但似乎遗漏了什么。

有个朋友，立志成为一名优秀的会计师，为此多年没间断过学习：考注会、写论文、考职称，自得其乐；突然又对人资兴趣浓厚，于是从零开始，最终通过人资一级和二级考试；据说最近还报考了一级建造师……听上去像个传奇，但在我看来，他似乎在目标中迷失了自我，看上去更像是通过不断学习来寻求安慰。

职业生涯如同爬山，当你要爬另一座山时，必须先回到山脚下，然后才能重新开始攀爬。

朋友虽然在财务人资等方面都有一定的建树，但最大的短板是无法形成合力，甚至造成一定的职业资源损耗，如人脉资源的损耗，工作经验的损耗等。所谓“换行不换岗，换岗不换行”，讲的也是这个道理。

10.2.2　选择的过程，其实是设定目标的过程

到底选多模块的助理还是专精的招聘？古龙笔下的“小李飞刀”可谓是专精的代名词，但他并非只有飞刀能拿得出手；无所不能的王怜花稳列一流高手，但他的轻功也绝对算独步江湖了。选多模块的，最后要向专一发展，选专一的，也需向多模块转化，可谓殊途同归。

我们可以把这次选择看作一个新目标的确立。我们必须善于利用自己被证明的能力，并不断强化这种能力，从这里再次出发，保持连续性，而不是推倒重来。

其实我挺欣赏善于思考和规划的新人，虽然人事经验相对较少、各个模块都不算精通，但值得庆幸的是已经有了职业规划的意识。如果对号入座，应该可以进入 60% 的人群：有着模糊的目标，如果没有外力影响的情况下，25 年后，应该过着安稳的生活，有稳定的工作，但不会有太突出的成绩。

更难能可贵的是，在求职的十字路口前，你没有凭着感觉走，而是不断地问自己，到底该如何选择。其实这正是一个了解自我、确定目标的过程。我们都知道：现实中那些顶尖的成功人士不是成功了才设定的目标，而是先设定了目标，然后才取得成功。

10.2.3　目标的实现，让我们从平庸到卓越

从对哈佛调研中我们不难发现目标的重要性。有了目标，才能心无旁骛地专注目标，而不会被其他人或事干扰。明确的目标，更能发挥自身的能动性，积极地付出，努力去实现目标。因此，无论选择多模块还是专一的招聘模块，只要确定了目标，锁定目标，相信会有成功的一天。

你正是因为寻找目标从平庸的人群中脱颖而出。相比那些没有目标、谈不上职业规划、只是机械地工作、永远无法达到高水平工作状态的人，你因目标明确，无疑会少走不少弯路。

现实中有目标的人不少，但坚持下来的不多。小时候，我们每个人都有自己的理想，或者说不止一个理想。但坚持下来的人却不那么多，甚至屈指可数。

优秀的人，他们不仅仅坚持目标，还善于把长远目标分解成一个个切实可行的小目标，每次只把精力集中在面前的小目标上，然后逐步去实现，而不会让自己迷失在目标中。

因此，无论选择多模块的工作，还是选择招聘专员，关键在于确定了一个清晰的目标。目标确定后，把遥远的大目标分解成许多小目标，这样每实现一个小目标，我们就会得到鼓舞，然后信心百倍地走向下一个目标，这样就一步步地接近、实现那个最终的目标。

现实中更多的人，看到目标那么遥不可及时，会因找不到实现的路径而不知所措，陷入对未来不可预知的恐慌中。

如果希望自己确定的目标最终能够成为现实。首先，要“立即行动起来”，想到了就去做。这样，目标才不会沦为空谈；其次，在执行目标的过程中，需要正确的计划，没有计划地胡冲乱撞，只是浪费时间；第三，必须有坚强的信念和毅力，不能遇到一点儿挫折就半途而废。

10.3 人生只有两种，选择还是努力

我毕业四年，并不是人力资源科班出身，期间也换过几次职业，直到在上家公司做了人资，感觉这才是真正让我热爱的工作。后来因为架构调整，我从上家公司出来，应聘到了现在的公司做人事，待遇算是非常不错的。可是入职之后，公司根本没有让我做人事的打算。我试着找了几份人事方面的工作，但工资待遇都比现在要差一截。我还是很想从事人事工作，但是在外面拿到相同水平薪资的可能性很小，另外我已经毕业四年，也不知道是不是还有机会，所以一直很矛盾。我到底该如何选择？

工作的意义是什么？我们为什么要工作？我们在为谁工作？我们到底是要一份能挣大钱的工作，还是找一个自己热爱的岗位？这些涉及人生哲学层面的追问和思索，是所有职场人士都无法回避的问题。

10.3.1 职业兴趣与职业选择

找到自己的兴趣所在，是一件不容易的事，值得珍惜。毕竟在国内传统的教育方式下，很多人的兴趣被无情地扼杀。可以说，遇见自己喜欢的工作，大概和遇见自己喜欢的人一样，都是可遇不可求的事。

无奈理想总被现实羁绊，如何选择？我们需要的不是一个答案，而是一个能说服自己的理由。无论你毕业于多么牛的大学，有多么令人艳羡的经历，选择一份不是你真心喜欢及擅长的工作，所谓的高薪只能是暂时或相对的。

从事一份自己不喜欢的工作，时间一久，会从不喜欢升级为抵触。你可能不会愿意为这份工作花费太多心思，能拖延则拖延，能敷衍就敷衍。而这些，最终都会呈现在结果上。

即使你有幸成为这个领域真正的高手，成为这个领域最有竞争力的一员，如果缺乏兴趣，你不一定有成就感，不一定能享受到工作的快乐。这样的生活，像一道没有盐的菜肴。

10.3.2　自身价值与工作意义

我们选择一份工作，是为了薪水而被动地为老板工作，还是主动提高自身的价值，从中获得金钱以外更大的回报？很多人喜欢谈等价交换，认为付出对得起那份工资就不错了。这似乎没什么不对，但时间久了，丧失的是机会，失去的是成长。而这一切，只是因为没有兴趣，缺乏了本源的动力。

人生不如意十之八九，高薪的岗位兴趣缺失；感兴趣的工作，薪酬又是硬伤，何况自己也不一定完全胜任岗位要求。究竟是放弃高薪，遵循兴趣的指引，还是为五斗米折腰？

这让我想起几个砌墙工的故事，大意如此：几个工人在砌墙，有人问，你们在做什么呢？其中一个回答，我们在砌墙啊；另一个回答，我们在盖高楼；最后一个回答，我们在建设美好的未来。十年过去了，第一个工人仍然在砌墙，第二个工人已经开发了几个楼盘，第三个工人成为了著名的建筑设计师。

可见，将兴趣与工作紧密结合，更深一步地认识工作的意义，对未来发展有深远影响。如果不能爆发，或许就此沉沦。

10.3.3　现实的影响与错位的危害

不可否认，不同行业、不同专业在企业发展的不同阶段，薪水的差异有时候会让人内心摇摆不定。

很多时候，我们选择一份工作，考虑更多的，不是喜好，而是现实。

我们考虑经济压力，受到家人朋友的各种影响，却很少关注自己内心的需求。

现实中这样的事情比比皆是：喜欢文学的，做了与数字打交道的会计师；喜欢计算机的，却在努力让自己成为优秀的销售……这不能不说是一种悲哀。

一味地向现实妥协，短期内看似相安无事，却埋下错位的隐患，甚至葬送自己的未来。一个人在自己不喜欢的位置，考虑的不是如何发展，而只是薪酬的高低。

如果总为自己到底能拿多少钱而大伤脑筋，如何看到工资背后的成长机会？当然也不会重视自己从工作中获得的技能和经验。事实上，决定一个人未来发展的，恰恰是这些技能和经验，而不是现在可以拿到的薪水。

10.3.4 短期高薪与长期发展

现实中，很多人最关心的往往不是工作，而是薪酬福利。在接触的众多求职者中，很多人只看薪酬，不谈匹配。面试的第一个问题，他们会询问薪资待遇，而非培训机会等软实力。在他们眼中，薪酬是自己身价的标志，绝不能低于别人；而对于公司发展前景、文化氛围等显得漠不关心。

其实对于用人方而言，价值观不一致的人并非企业首选。很多时候，一份工作并不需要太多的天赋，而是持续的关注和努力。

只为薪酬而工作，往往会被短期利益蒙蔽了心智，使人看不清未来发展的道路，反而忽视了自身的成长。如果一个人工作仅仅是为了薪水，那么，他注定是一个平庸的人。因为他无法摆脱平庸的思维模式。

知道自己想要什么，又有机会进入想要从事的行业，难道因为薪酬的差异而放弃？任何事情，只有开始去做了，才会有各种可能。如果因为薪酬放弃兴趣，那么你很可能失去之后的所有机会。

如果有一天，我们不是为了薪水而工作，而是纯粹地为兴趣而努力，我相信，这样的状态下更容易激发自身的潜能，不断地提升自我。退一步讲，即使你有很高的薪水，可半生不熟的工作技能，漫不经心的工作态度最终将毁掉你。进步比薪水更重要，成长比成功更重要，把目光放长远，你会收获更多。

10.4　人生的路很长，关键的只有几步

我有五年的人事工作经验，五年时间在两家公司待过，第一家单位是大型连锁零售商场，工作了三年半，第二家单位是物业管理公司，工作了一年半。在这两家公司里，我所做的都是全面而笼统的人事工作，胡子眉毛一把抓，招聘、培训、计薪等都有从事，没有专门做过某一个模块。总是感觉自己做得不精，能力没有很大的提升。我不甘心职业生涯就这样停滞，而是想做一名真正的人资经理。请问，我该如何提升自身？

没有目标的学习是一件很难坚持的事。说起来容易，执行起来却困难重重，像沙漠里找不到绿洲的跋涉者，那种心理上的折磨才是最难以忍受的。提升自身，如果不考虑大环境，与实际情况结合，多少显得有些空中楼阁的味道。

其实，很多 HR 都会陷入一个误区，认为自己没有专精某一模块，对以后的发展影响太大，是否果真如此？

10.4.1　职业困惑或职位困惑

五年时间，既没有破茧成蝶，也没有自甘堕落，这样的 HR 应该不在少数。专业上没有明显的优势；似乎什么都做，却没什么特长；小公司看不上，大公司去不了……真有点儿高不成低不就的尴尬。

这时我们必须清楚，这种状况到底是“职业困惑”还是“职位困惑”。通俗讲，是不适合这个职业，还是这个职位带给你的成就感太低。跳槽或许能够暂时解决职位晋升问题，但是如果内心真正的职业困惑没有解决，还是无济于事。

在谈规划之前，我们先浏览一些优秀公司对 HR 的筛选条件。

第一条是专员的招聘：负责公司的招聘与人才培养，善于职业规划，

懂培训会培训，能让新员工在最短的时间内有相当高的归属感；细心、敏锐，热爱这份工作，并有及时发现问题的能力。

第二条是经理的招聘：擅长集团人力资源管控与体系建设，擅长高端人才引进、绩效管理、人才梯队建设、企业文化建设等，制定和完善人力资源管理制度；向公司决策层提供人力资源、组织机构等方面的建议并致力于提高公司综合管理水平，控制人力资源成本；及时处理公司管理过程中的重大人力资源问题，指导员工职业生涯规划；人力资源部门的内部建设管理及培训。

两条招聘信息有哪些关键词。然后自我审视，目前达到什么层次，是否适合做 HR，自然一目了然。

10.4.2 人资工作的三个阶段

一个老板经常说这样一句话：给你高薪其实是害你！当时不以为然，现在细品，还真有几分道理。

前几天一个设计专员的薪资期望值为八千元，而市场价不过五千元左右，底气来自于他曾经拿过这样的底薪。同样，有时候职务头衔也会让人自信心膨胀，别以为当过小公司的经理，你就有了当经理的资格，如果不能放下，你将无法获得真正的提升。

从招聘信息我们可以看出：人力资源工作的发展可以明确地分为三个阶段：

第一阶段：被动地提供服务，刚刚踏入 HR 门槛的人，所做的服务大多是被动的，领导让干啥就干啥；

第二阶段：专注于提高自己的技术和专业性；

第三阶段：成为业务部门的战略伙伴，包括参加业务部门的例会、共同分析业务问题等。毕竟 HR 不能关起门来自己做。

HR 的职业发展有三个方向：一是做 HR 某方面的专家，二是做 HR 的整体管理，三是向其他业务方面发展。

10.4.3　HRD 的硬性要求

当你三四十岁的时候，你处于哪个层次？如果还在做 HR，那么你肯定想做一个 HRD。一般大公司对 HRD 有几个硬性要求：

① 不低于五年的同行业管理经验；

② 管理能力以及对人资的认识；

③ 统招本科学历（虽然不想写，但实际情况的确如此）；

④ 年龄一般不希望超过四十，优秀者可适当放宽。

10.4.4　当下最需要做的三件事

如果我们的目标是做一个 HRD，那我们用倒推法估算下，我们现在应该做什么？

选择行业。假设我们现在是 25 ～ 28 岁，这个年纪说实话有点儿小危险。我们能选的只有两种方案：一是在原有的行业中筛选；二是重新选择新行业。

如果想发展，想拿高薪，不是说你做到一定职位了就可以，这个与行业的联系很大（暂不考虑地域）。建议浏览一些当地的招聘信息，从专员到经理再到总监，对各行业的 HR 现状有大致的了解；把自己欠缺的东西罗列出来，查漏补缺。

选择企业。大部分企业对 HR 的要求不高，你很难学到多少干货，过一年和过三年没啥区别。因此选择好行业后，我们要选择一个相对有潜力或规范或优秀的企业，至少占一头吧。哪怕从专员做起，我们的成长速度也远高于小企业的。

这样的选择很考验耐心，千万不要被心仪的企业拒绝一两次就放弃。选企业就像填报高考志愿，一本二本三本都要认真对待，给自己留个退路。毕竟，好企业的竞争还是很激烈的。

学会加法与减法。现在的我们，虽然有工作经历，但工作经验远谈不上丰富。因此尽可能地用加法，学人资专业知识，学管理能力，学心理学，学培训……每个模块一个季度的疯狂学习，专业整体性的增长还是很可观的。

有时候我们居安思危地问自己：作为一名普通员工，去掉专业性，去掉大公司的光环，（如果有的话），你还剩什么？

你的文笔出色，算多才多艺吗？你幽默还是亲和，严谨还是细心？这些是不是都挺重要的，如果没有也不必担心。从现在起，每年培养一个爱好，如果能坚持下去，三五年后，会是什么结果？不但自身素质大提升，人脉也完全不同。无论做人资财务或其他，很多时候拼的不是专业知识，而是人本身。上学时候大人常用“书呆子”去定义高分低能学霸；难道我们要变成工作中的呆子？

人生的路很长，但关键的只有几步。给你五年的时间，从专员做到经理，再给你三到五年时间，从经理做到总监。任何一个环节掉链子，结果都大相径庭，真是不成功便成仁。你是否敢迎接这个挑战？

从某种意义而言，现在的你连犹豫都显得奢侈。如果不想得过且过，不如背水一战，破茧重生。

10.5 致四十岁还一无是处的你

在我的职业生涯中，最近几年真的很不顺，连续换了好几个公司，不是拖欠工资，就是家里有事，总是被迫离职。目前我在一家公司负责人事工作，可无论薪资还是职位都不如以前，感觉无法完全发挥自己的能力实现价值，一度想裸辞。但最近几段工作经历不出彩，再加上不知不觉中已到了奔四的年龄，现在很着急和焦虑，不知道该怎么办。请教，40 岁的 HR，职场屡遭不爽，职业生涯还能如何规划？

四十一岁的应聘者与老板的对话。

老板：你今年四十一岁了，除了经历，你还有什么优势吗？

应聘者：我已经意识到我没有任何优势，这就是我的优势。

老板：为什么？

应聘者：豁出去了……

这是前段时间，网络讨论比较激烈的话题。这位应聘者，有破釜沉舟、背水一战的决心，这样的决心，没有老板不喜欢。

不过，说句实话，这个年纪没有值得一提的优势，其实是一件挺尴尬的事。请问，在其他单位没有成功，凭什么让老板相信这次一定成功？

老板选你，更像是一场豪赌。

10.5.1　中晚期的职业规划

四十岁的 HR，正处于职业生涯的中晚期，无论上升还是转型，都不是件容易的事。这种状况下，职业规划该如何设计？真正的契合点究竟在哪里？

谈职业规划离不开职业定位、目标设定和通道设计三大要素，四十岁的 HR 也不例外。我们必须进行自我诊断，明确发展目标，重新思考自我与工作、家庭的关系。

从你的最近几段工作经历可以看出，行业之间明显缺乏有效的连贯性，离职原因也没有说服力……这其实犯了职业规划的大忌：不是因为喜欢这个行业这个岗位而选择，不是因为擅长绩效或薪酬而选择，而仅仅只是因为需要一份养家糊口的工作。

其实，在行业与岗位之间，似乎都有着某种若有若无的内在联系。这种联系，可能有助于你短期内适应新岗位。但如果缺乏设计，让这种联系处于时断时续的状态，最终影响到你的职业生涯。

想想看，一个人不了解自己能做什么，不知道自己想要什么，又谈何经营自我？如果工作只能赚到薪水，如果工作只带给我们收入上的安全感，其他一无所获，这是一件多么可悲的事情啊！

10.5.2　职业定位的重要性

工作经历没有丝毫规律可言，恰恰是职业定位不清晰的表现，因此结果也不那么让人意外：做自己不喜欢不擅长的事，自然没有成就感，很容易找借口放弃；借口过了期限，只能郁郁不得志，抱怨没发展了。

这个阶段，很多人会选择不断投递简历，来缓解内心的无助。其实，这样的行为，只会让自己变得浮躁、消沉，无法静下心来。最终导致在现任岗位上没发挥长处，甚至不胜任！这样下去，如何谈规划？

所谓的职业规划，最关键的是真正认识自我，对自身有一个合理的评估，知道自己想要什么……

10.5.3 避免群体性思维

现在的一些群体性思维很是让人恐惧：工作不顺利时，很多人想考公务员，很多人想创业，很多人花钱找关系进国企……其实都是一种逃避。如果你问他们原因，无非是“我觉得应该挺好”，“应该会更稳定，更有安全感吧”之类的盲从。

职业规划只是一个方向，是高度个人化的行为，没有人能帮你做决定，给出一套完全适合你的方案。

作为年近四十的 HR，我认为，与其谈职业规划，不如准确地理解什么是成功和自我实现，什么是人生的圆满和真实的幸福。

我的一位朋友，可能是人们眼中的成功和圆满的典型：上市央企，发展如日中天，国外镀金，薪资更是国内的数倍……但这并不是他想要的，他喜欢的是长久地和家人在一起！于是他果断地放弃华丽的一切，选择从零开始。现在，他过着梦寐以求的安稳生活，在一家还不错的企业里如鱼得水，又能兼顾上有老下有小的家庭。

10.5.4 你是哪种类型

人生大抵可分为四类：“享乐主义类”，享受眼前的快乐，却也为未来埋下了痛苦；“忙碌奔波类”，牺牲当下的幸福，去达到未来的目标；“虚无主义类”，对生活丧失希望和追求；“幸福类”，既能享受当下，又可以获得更美满的未来……

我们身边不乏“忙碌奔波类”的人。如果我们一味地谈职业规划，很容易陷入这样的怪圈：习惯去追求遥远的规划，而忽略当前目标的实现。

泰勒曾说过，幸福感是衡量人生的唯一标准，也是最终的追求目标。我们所谓的职业规划，只是多数人认可的成功，至于幸福，谁在乎？不知道自己要什么，如何做出正确的选择？

职场发展犹如登山，四十岁应该在半山腰了，爬得越高，退下来的难度越大；越是等待观望，所付出的代价就越大。规划的制定意味着方向的调整，四十的 HR，已经不允许再错下去了，或许，这是你职业生涯最后一次规划。

四十岁，似乎到了背水一战的绝境。与其通过规划寻找心理安慰，把自己的伤口撕开给别人看，不如集中精神，拼上最后的一点儿力气，最大限度地发挥自己的才智，做一次不管不顾的冲刺。不管你有多大的难处和委屈，在冲刺期间什么都不要想，或许在事业和境界上能走到一个新层面，对人生也会有新的理解。

第 11 章

跳槽，是预谋，也是豪赌

职业发展总有规律可循。前期完全是打基础，后几年偏重带团队，做管理。如果在打基础的周期内随意跳槽，很容易导致根基不稳。跳槽是一把双刃剑，如何跳槽，才能将自己放在正确的位置，避免职业生涯贬值？

11.1 离职就这几个理由

我在东莞一家药店工作已经两年多，直属经理进公司已经十年，工作都交给我和另外一个同事负责。我们的人力资源工作由总部统一规划，子公司以执行为主，在专业上比较难有突破的机会。我也清楚工作三年是决定以后职业水准的关键时期，因此最近有心离开这个有些僵化的公司，去寻找更加专业的平台，但是经理再过两年就要退休，到时候我有极大的优势来竞争经理这个职位。现在我非常矛盾，一方面想留下来按部就班地发展，另一方面又想去找更有活力的平台，不愿意以后一直像经理这样耗日子。请问，我该如何抉择？

很多人总是冲动辞职后又盲目求职，最终陷入连续跳槽的死循环。其实，工作只是一种手段，不是最终目的，千万不要本末倒置。

相互匹配是反复摸索中的一种感悟，不一定完全以金钱为目的，更多的是对个人经验、能力以及发展的关注。关于去留，我们可以自我测试。当工作带给你以下几点感受的时候，就可以考虑离职了。

11.1.1 离职的必要条件

为上班而发愁，郁郁寡欢。工作不只是为了活着，但有多少人为了微薄的薪水而虚度自己的青春？不适合的工作让人不快乐，甚至因此亚健康。因一份工作失去对生活的热情，甚至健康，代价是不是有些大了？

1．创造力下降

什么时候你发现工作变得枯燥乏味？上班是不是经常无事可做，或者提不起一点儿兴趣？

2．很难学习到新知识和技能

一份不能让人成长的工作，带给你的除了薪水，还有什么？

3．和升迁擦肩而过

如果升职总是没有你的份，可以考虑辞职了。比加班更让人难以接受的是永远不被委以重任。假如公司会对此做出解释，并帮你指出今后如何改进的话，说明他们还是信任你的。但如果你总是被置之不理的话，就可以考虑走人了。

4．付出得不到应有的回报和认可

如果公司运转良好，而你的付出和努力无论从物质上还是其他方面，总得不到应有的认可和回报，这一定程度上可以说明你的工作不受重视，不妨寻找其他能证明自己的地方。

5．公司价值观和你不再合拍

当公司的价值观、企业使命和你的价值观不合拍时，你可能成为别人眼中的异类。

具备以上某一点就有了离职的理由，但有理由离职和可以离职之间还有一段路要走。离职也要讲谋略，看大形势，分析各种内外因素。朱元璋打天下，未知先取张士诚抑或陈友谅。刘伯温献计，进攻何人，先要洞悉另一方的反应。

11.1.2　跳槽的六脉神剑

我们跳槽，也要知己知彼，分析各种利弊。因此，我先提几个问题，算是求职的六脉神剑吧。

1．经济能力

这个可能很多人认为没必要考虑，工作三年，经济能力如何？毕竟我们不仅是独立的个体，更是社会人。

没有一定的经济能力如何面对不稳定的职场环境？虽然这份工作有种种不如意，但至少满足了某一方面的需求，如难得的安全感。有经济能力你可以为下一份工作等三个月甚至更久，缺乏经济能力不到一个月你必须上班，否则房租水电费都成为压力。

2．专业水准

作为人资，你擅长哪几个模块？你的核心竞争力是什么？据我了解，一般子公司的人资也就在员工关系上相对有点儿优势，前提是这个人资情商不低。你是哪种情况？

3．综合素质

除了人资你还具备哪些专业技能？很多时候我们拼的不仅仅是专业，更是强大的综合能力。文笔不好的人资不是好助理。我是行政里人资做得最好的，或者我是人资里财务最专业的，这也算一种优势。

4．经验积累

三年时间，你对公司人资的优缺点有没有比较透彻的了解？对公司的管理模式有没有自己的见解？如果换个环境，贵公司能被信手拈来的部分有多少？

5．学历证书

目前你是什么学历，人资方面的证书有哪些？不要给我谈学历没有能力重要，证书不等于实力。至少学历和证书证明了你的学习力和执行力。

6．求职方向

假设你决定离开公司，你下一步的求职方向是否清晰？工作不是短跑，而是一场马拉松，有了方向，还要在现实的基础上持续努力，把自己和竞争对手区分开来。

如果你的回答中“否”占据了大多数，那我不建议你立刻跳槽，这时候的你甚至没有资格谈职业规划。建议你有跳槽冲动的时候多浏览招聘信息，明确自身的不足，再有针对性地完善，可以让自己更理智一些。

对我们个体而言，最基础的就是做自己，再进一步，是通过别人拿结果，一般管理层大概就这样吧。你现在是什么阶段？

11.1.3　离职的六个小锦囊

当一份工作既看不到兴趣又找不到价值，只剩消极地混日子，时间久了，甚至会怀疑自我，怀疑人生，怀疑整个世界。关于离职，我有以下六个小锦囊：

1．了解自己内心深层次的需求

渴望专业的平台与等待晋升，哪个更具有诱惑力？其实在我看来，两者并不矛盾，如果你愿意，完全可以在公司坚持两三年，在此期间有意识地完善自我，同时为竞聘做准备。

即使竞聘失败，你也早非吴下阿蒙。即使出去，竞争力也完全没问题；如果竞聘成功后还是想离开，那就果断地离开吧，你的资历更具亮点。

2．横向纵向多比较

你快乐吗？工作只是手段，生活才是目的。你现在处于迷茫和焦虑中，有时候这不是由工作本身引起的，而是个人对外面世界盲目的向往。

任何事都可以换位思考，如果换工作后不适应节奏又没达到专业化的目的，你会怎么办？建议你横向纵向反复比较，不了解就没有发言权，同样，不了解也没必要迷茫和矛盾。有时候，外面的世界很精彩；有时候，外面的世界很无奈。

3．临渊羡鱼，不如退而结网

与其因向往更有活力的平台，而在安稳和外面的美好诱惑中煎熬，不如静下心来强大自我。谁不向往大公司，只是没有选择权而已。

当我们有离职的冲动时，不妨先停下来，完成需要量变的积累。离开熟知的世界，意味着未来已经脱离你的掌控。我们唯一能做的是让自己拥有更强大的竞争力，才能抓住每一次稍纵即逝的机会。

4．要么适应，要么离开

作为子公司，很难改变这种僵化的局面，也很难改变按部就班的格局。如果不能适应，只能选择离开。

我希望这次离开不是一无所有的说走就走，而是一种能力与环境不匹配撤离。有时候，我们的确需要具备“司马光思维”，打破，才能觅得生机。

5．心态必须强大

离开行业前三的公司，离开稳定的工作环境，有时候会有一个比较大的落差。放弃这一切，在你看来是一种牺牲，但并不意味你一定可以得到更多。

外面的世界也并非都是美好，也许劳资纠纷会让你焦头烂额；苛刻的上司让你无所适从……这时候，专业的强大不如内心的强大。只有经历过，你才会真正成长。

6．思维决定结果

一般跳槽都会有一段不适应期。我们习惯苛求，对于陌生的人与事，看到的总是缺点。最后无奈地发现新环境与想象中相去甚远。

这时候我们不必沮丧，或许这正是我们大展身手的机会。不同思维，不同行动；不同行动，不同结果。

跳槽绝对不是随心所欲，想跳就跳，而是一场预谋已久的行动。从行业到职位，从公司背景到前景，都在我们的考虑范畴，否则很可能多走弯路。有个朋友，从有离职这个念头，到正式离职，用了十多年的时间，正应了那句话：十年磨一剑。这样充足的准备，让他有机会站在更高的起点，选择更好的平台。

11.2 建立个人职业品牌，让选择直抵本心

我在一家塑料制品销售型企业工作，选择这家公司就是因为离家近，所以工资待遇虽然没有达到我的期望值，我也过来上班了。因为公司小，人力资源各个模块也没有真正的实施，HR 部门做的还是传统上的人事工作。老板明示暗示过好多回，说公司踏上正轨之后，一定会重用 HR 部门，也曾经带着我熟悉全公司的业务，感觉会给我一个很好的发展平台。而且公司内部都很团结，高层也会放手让下面的人做事，我在这里做得也比较自由。现在一家通信公司向我抛来橄榄枝，各方面待遇都比现在这家公司

好，除了上下班远。但当我冒出辞职的想法时，也有很多不舍的念头。我到底该去该留？

一位好友谈到武汉的招聘现状时说到：很多企业招聘并不以企业实力为卖点，而是把重心放在人资总监身上，以人资总监的个人影响力来促进招聘。这让我联想到面临工作选择的纠结：是选择氛围好的，还是工资高的？是选择离家近的，还是有实力的？如果建立了个人职业品牌，这一切都不再是难题。

11.2.1　打破惯性思维

美国管理学者华德士曾提出，21 世纪的工作生存法则就是建立个人品牌。不仅是企业、产品要建立品牌，个人也需要在职场中建立品牌。个人品牌对于自身事业的发展有着不可低估的积极作用。

一个离家近，氛围好，但薪资待遇有限，人资发展还处于初级阶段；另一个行业潜力大，福利待遇优厚，但离家远，不可控因素多……只是鱼和熊掌不能兼得，于是左思右想、举棋不定，纠结去留。

如果按照我们惯性思维，肯定会先问自己要什么？是轻松的工作氛围还是优厚的薪酬福利？要不再加上一系列的假设，如果目前公司薪酬还有提升空间的话……要不就是哲理型的，跳槽不是因为混不下去了，而是因为可以跳得更高。诸如此类。

与其这样，不如建立个人的职业品牌，这样使得我们的选择直指本心，可自动过滤那些温柔的陷阱和诱惑。其实良好的工作环境、宽松的工作氛围等，在某种程度上何尝不是一种陷阱或诱惑。

11.2.2　选择直抵内心

面对两难选择时，我们可以换个思路，做减法。

如果把离家近的优势去掉，再减掉工作氛围，还剩下什么？除了简单的工作内容，仅剩老板的承诺。与老板的承诺相比，现实的信任更为重要。如果你有远大的职业抱负，必然需要一个施展才华的环境和平台。

现在你唯一不舍的，是“钱多事少离家近”中的最后一条。有时候，公司离家近，意味着可以节省很多时间和精力，更好地陪伴和照顾家人，有更多的空闲时间充电和提高自我。有时候，“离家近”也会束缚我们，甚至成为让我们失去上进心的慢性毒药。

诱人的薪酬福利，任何人都很难拒绝，是否一定要离职？应因人而异，要从各方面综合考虑。

前段时间接到一个骨干员工的离职申请。在离职面谈中了解到，新东家虽是异地，但开出的月薪足足比我们高出一万五，而她面临的最大压力是房贷。这该如何挽留？

第二次面谈，我从孩子教育出发，谈到与父母的相处之道……这恰好是她最在意的。我能感受到，她摇摆不定。

再后来，她选择了留下来。她对我讲，当她告诉母亲决定去外地打拼时，母亲哭了。天下哪个母亲愿意自己的女儿到处奔波，又有哪个母亲愿意离开自己的孩子？

很多时候，选择一份工作，会受到家庭、经济条件等各种因素的影响。工作看似是自己的事情，更多时候，会受到家庭条件、子女教育、车贷房贷等现实因素的影响。

11.2.3 如何建立个人职业品牌

个人职业品牌不仅是当前的工作目标清晰效率提高，其实也是对未来的一次投资。如何建立个人职业品牌？其实主要是对自身的定位和个性分析。

1. 进行品牌定位

你想要成为什么样的人？你的工作有价值吗？

个性不同，品牌定位就不同。我们必须找出自己与他人的异同点。如外向的人可发展培训，有亲和力的可做招聘和员工关系，逻辑思维能力强的可做绩效管理等。

2．以专业能力和职业道德为基础

一个人的职业道德短期看不出什么效果，但长期则会产生持续性影响，这类似一些知名公司的无形资产，价值会随着时间积累而增值。

同样，个人品牌的确立离不开专业的支撑，缺少专业的支撑，品牌只能是镜花水月。

3．学习力是保障

在形成自己个人品牌的过程中，我们必须有终身学习的观念和行动。只有这样，个人综合素质才能得到提高，良好的个人品牌才能树立起来。

4．适度包装

个人品牌也需要适度包装，如职业化的服装、良好的礼仪，更有利于展示个人职业品牌的特点。

在职场上，树立起自己的职业品牌，不仅能提升自身的竞争力，更有利于我们明确目标，清晰选择，不断朝着既定的职业目标去努力。

11.3　职场没有地图

我在一家金融企业的杭州分公司，之前的工作内容行政居多，为了转做人力资源，才加入现在的公司。现在工作快八个月了，负责分公司所有行政人事工作，每天工作非常多。前段时间因为工作上的事情和分公司总经理发生了一些不愉快，七月份公司全员调薪，只有我的薪酬没变，最近无意中在招聘网站上看到总部在招聘我这个岗位。现在我觉得领导在背着我招人，想把我换掉，不加薪的目的就是想逼我自己走。现在我应该是去是留？

没有资历，没有背景，想决定自己的人生，却感觉有心无力。第一次转行，却遭当头棒喝：全员调薪，唯独没有你；总部招聘，招的却是自己的替身。怎么看都有点“女友结婚了，新郎不是我”的难堪。

走还是留，都只是一次选择，远非结局。但对你而言，留有留的尴尬，走有走的不安。你内心的恐慌与茫然，我完全能够想象。毕竟，生活不止眼前的苟且，还有各种未知的困难……

11.3.1 放弃，意味着失去一次磨练的机会

我并无意否定或批评你，虽然没有太多的资本，但年轻就是你最大的财富。职场没有地图，人生不可能一帆风顺，所谓塞翁失马无心插柳，也许这恰恰是一段灿烂人生的开始。

记得余秋雨在《苏东坡突围》里提到苏东坡被贬到黄州的坎坷，说“苏轼是幸运的，他在自己的四十四岁的时候走向了成熟，而不是在老得不能动的时候才明白那些道理。”因为磨难，才认识到人世沧桑。因此，他收起锋芒，学会隐晦，逐渐恬静淡然。于是，才有了唐宋八大家中的苏轼，才有了《赤壁怀古》。

与分公司总经理爆发冲突，反映出两个问题。

第一个问题：换工作后你有很大的心理落差，在不公平的工作环境中，你的负面情绪的长期堆积，需要出口。

第二个问题：你缺乏情绪管理能力。当你心灰意冷又遭遇上司无厘头的指责，很容易做出一些错误的决定。

你是否考虑过与上司发生正面冲突的后果？中国有句古话“宁可得罪君子，不可得罪小人”。在很多人看来，走，似乎不可逆转，唯一能做的是尽量止损，考虑后路。

放弃，是最简单的。不过选择放弃，也意味着你失去了一次磨炼自己的机会。有时候，越是逆境，越能锻炼人。很多事，只有亲历了，才能体味出其中的酸甜苦辣。如果能把每次受到的委屈和伤害，转化为成长所需的养分，绝对喂大你的格局。否则时过境迁，别人只会记住你无缘无故的爆发，甚至被贴上不可理喻的标签。

11.3.2 情绪管理与沟通

我不清楚争吵的缘由，也不确定错误的程度。我想，如果在工作中产生分歧、甚至争执时，主动与总经理沟通，对其表示足够的尊重，如认错、道歉……应该能够缓和彼此的关系，不至于产生后面的不愉快。

很多时候，领导更喜欢“听话”的下属，而不是容忍争执的“刺头”。

谁能吞下更多的委屈，谁才配拥有更多的话语权。正如冯仑所言：伟大都是熬出来的。

我们无法指责领导的偏见与固执，我们能做的只有服从与执行。当然，如果领导公报私仇，打击报复，离开这样的领导其实没什么遗憾。

除了情绪管理，沟通也是非常关键的一环。

遇到意料之外的事情，是沉默以对，胡乱猜测，把“不加薪”与“不愉快”划上等号，还是积极沟通，问清缘由？积极的沟通，或许有助于我们更理性地分析问题。如果你恰好不在这次调薪范围，又何来公报私仇一说，更谈不上对领导的抵触情绪。

11.3.3　不是要成功，而是要结果

前段时间有个部门负责人找我，开门见山地问：“公司是不是对我有什么看法？”我不解其意，“这话怎么讲？”“有朋友求职时发现集团挂着这个岗位的招聘信息，如果我不合适了告诉我一声，我好早做准备……”

后来我了解到，这只是人资的一次无心之失，将所有岗位习惯性地全选刷新。虽然解释清楚，但这位负责人无法打开自己的心结，最终还是按流程选择了离职。

发现公司招聘自己所在的岗位，无需自己翻江倒海地各种猜测，习惯性地想到逼宫之类的情节！为什么不可以是总经理考虑工作量大，找帮手分担？

一次坦荡荡的沟通就可以弄明白的事，何必搞得这么曲折？如果沟通过后，总经理态度暧昧地挽留，我建议不如有尊严地走掉。不是所有的付出都有回报。在经过努力之后，虽然不一定成功，至少你得到了一种结果。

工作量大，领导没事找事，有苦劳没功劳，还有被随时替代的风险……职场中几乎每天都在上演，见多了也就不觉得有什么特别。

我们因为“双商”、沟通能力等方面的缺陷，遇到甚至制造了一个又一个问题，而这些问题反过来又可能成为促进我们成长的阶梯。当你觉得特别辛苦特别难捱的时候，往往是你进步最大的时候。

或许你会抱怨老天的不公，或许你开始发现职场仅有努力是不够的。自我是一切的根源，要改变这一切，首先改变自我。如果这次的离开能让我们学会调节情绪，学会感恩，学会从容地进退……这意味着收获和成长。

11.4 有喜欢的事情做，这才是最重要的

我是一个有五年工作经验的 HR，由于个人原因，年前刚离职，最近正在找新的工作。我比较擅长薪酬和绩效管理，求职方向主要是薪酬绩效主管这样的职位。最近收到了两家公司的 offer，其中一家公司是做互联网的，规模较小，大概有七八十人，薪资福利比较好，给的职位是人力资源经理，但是发展空间小，很多事情都要亲自动手。另一家公司属于制造业，规模较大，福利待遇中等，给的是薪酬绩效主管的职位，有两个下属，发展空间比较大。这两家公司各有特色，说实话，真的很难选择。请问，找工作的时候，该选“前景”好的工作还是“钱景”好的工作呢？

为什么不喜欢这份工作，平台还是薪资？如果是平台，你想去什么行业；如果是薪资，你的期望值是多少？很多时候，我们左右为难，只是缺少一个参考值而已。

11.4.1 关于“钱景”，真的无所谓吗

有人一副大佬的样子，赚多少钱无所谓。不在乎“钱景”，如果不是富二代，一定是财务自由的主。“前景”或“钱景”，只有经历过才能体会个中滋味，旁观者只是纸上谈兵。

我想问：工作对你而言，是手段、目的，还是爱好？如果是谋生的手段，那么“钱景”无疑是首选，毕竟每个人都面临生存压力；如果想证明自身的价值，其实倒不一定非此即彼，“钱景”和“前景”都能有力地证明，前提是量要足，质要优；如果只是一种爱好，希望在工作中找到乐趣，这往往是职业领悟达到了相当高的境界，反而不会陷入两难的选择，因为从某种程度上来讲，“钱景”和“前景”最终会殊途同归。

很多选择“钱景”的人总是羞于承认，其实，这大可不必。因为，钱对你我来说，绝对不仅仅是个数字，钱的多少，与我们生活质量的高低密切相关。如果我们目前还处于解决衣食住行的阶段，其实并没有太多选择的自由。我只会建议你：在注重“钱景”的同时，依然需要把“前景”视为目的，不要在“钱景”中迷失自我。

未来很长一段时间，我们都难以摆脱“钱景”的诱惑。当我们的经济实力积累到一定程度，随着阅历的增加，工作的意义会自然而然地转移。

11.4.2　高薪与情怀

当我们不再是赚钱的机器，不再为了工作而工作，这时候你会发现，虽然财务自由了，但是却无法闲下来，因为你对工作之外的事情已经失去了兴趣，闲下来只会觉得无所适从。

要比较，先得经历。正如尝遍天下美味，最终发现家常饭才是最可口的。当我们经历了足够多的事情之后，最终发现，“钱景”与“前景”都不是终极目的，“有喜欢的事情做”才是我们最需要的。

朋友不止一次地说过：他跳槽的理由只有一个，就是薪酬，薪酬越高，跳槽的动力越足。这样的做法的确有些极端。如果不考虑薪水，只谈情怀，也有点儿不切实际。

对于高薪，我们应该保持必要的理性，这家公司的薪酬是否与业内相匹配；对于大环境而言，薪水的总体趋势如何？尽量紧跟大趋势，不忘大局，避免我们陷入没落的夕阳行业。

另一个朋友，特别在意所谓的公司背景，找工作只选国企或外企，如果民企，非世界 500 强不选，这未免走入了另一个极端。

11.4.3　加速成长，提升自身价值

杰克 • C. 弗朗西斯曾说过：“你可以买到一个人的时间，你可以雇一个人到固定的工作岗位，你可以买到按时或按日计算的技术操作，但你买不到热情，你买不到创造性，你买不到全身心的投入，你不得不设法争取

这些。”

在我看来，高薪也好，高职位也罢，最终我们要的，其实是一份更适合自己、与梦想更匹配的工作，能在工作中开启和发挥自己全部的潜能。

没有哪个企业会养闲人，高薪很大程度上意味着高标准严要求。为了对得起这份高薪，我们必须使出浑身解数；为了拿到更高的薪酬，我们只有让自己加速成长，不断进步。

证明自身价值的途径有很多，薪酬绝对是其中不容忽视的一个！当然，我们也不必对“钱景”患得患失，否则你会感到很累，很容易内心失衡！

11.4.4 把喜欢做的事变成一辈子的职业

搜狐网首席执行官张朝阳在一次企业家精神论坛大会上说：“我们生活的目的是工作，工作的目的不是生活。”他进一步解释说，工作的目的不是个人享受，你要齐家治国，你要让你的国家为你骄傲。张朝阳正是通过努力工作，在解决了生活所需之后，才发现生活并不是工作的目的。

单从生活的目的与工作的目的谈起，却让我们对所谓的“钱景”与“前景”有了更深刻的认识。

发现喜欢做的事是一种幸运，把喜欢做的事变成一辈子的职业是一种幸福。对热爱工作的人而言，没有工作是最残酷的惩罚！这也不难理解身边的朋友，为什么即使身价过亿，还依然努力地工作。

从职业生涯规划的角度看，“钱景”与“前景”，都属于“外生涯”范畴，有别于以自我价值为基础的“内生涯”。无论我们的出发点是“钱景”还是“前景”，做自己喜欢的事，坚定地走下去，鱼和熊掌兼得也不是什么难得一见的奇迹。

11.5 有时候，人放错了地方就是垃圾

我毕业后在一线城市的一家小公司做行政人事工作至今，主要是一些事务性的工作，虽然轻松，但感觉没有学到多少东西。今年由于家庭原因，

准备回老家发展，但我的老家是一个三线小城市，人力资源方面的就业机会少，工资偏低，且人事岗位更倾向于招女生。去年春节期间，我在老家跑了几趟人才市场，发现以我现在的情况，很难找到 HR 相关的工作。我本人很喜欢 HR 这个职业，未来也一直想朝这个方向发展。但是现在这个情况，我该如何选择？

“待不了的北上广，回不去的家乡，每天忙碌的年轻人，究竟哪里才是梦想的栖息地？”这是一位在北上广打拼朋友的心声。

他给我讲：在北上广这些一线城市，每天上下班都是一次跋山涉水的旅程；为了生存超负荷加班，感觉身体被掏空；赤手空空，却要和全国最优秀人才竞争……

11.5.1　跨区域成为新趋势

随着北上广等一线城市生存压力的不断加剧，跨区域择业与就业，逐渐成为职场人士需要考虑的新问题。如何抉择，需要结合自身的条件来定位。

一线城市，人才扎堆，大大小小的公司，遍地开花，各种机遇和竞争并存。无论你是资深职场人士，还是初出茅庐的菜鸟，都可以找到自己的位置。

三线小城市，经济发展相对滞后，企业数量屈指可数，加之观念的问题，相比财务而言，人资成为可有可无的点缀，不仅岗位少得可怜，待遇也缺乏竞争力。

从一线城市回归三线城市的 HR，如何调整状态？到底是先找份其他工作，有机会再重回 HR，还是一直瞄准方向，坚持自己 HR 的梦想？

很多时候，我们要的不是答案，而是想找到更多的支持者。

11.5.2　坚持与放弃的深度分析

目前的现状不容乐观。在一线城市如鱼得水，在三线小城市却处处碰壁，一直找不到合适的人资工作，即使降低工资，依然如此。这种情况下，谈何坚持？

现实不是纸上谈兵，再好的职业规划，第一前提是落实，如果就业都成问题，所谓的规划、坚持，只是一份心灵鸡汤。

先找份工作，有机会再做 HR，无非是两种情况。

第一种情况，找了份待遇不错的工作，表现尚可，随着年纪的增大，再换回 HR 发展，家人是否赞同，市场会不会接纳？请不要自我安慰了，凭什么现在找不到合适的工作，过几年一定可以？

第二种情况比较悲催，找了一份工作也不尽人意。我们可想而知，生存的压力、家人的期望、世俗的眼光……你有勇气重提做回 HR ？

很多时候，人，放错了地方，将一事无成。一线城市发展安稳，来到小地方不一定生活无忧，反而可能遭遇各种困扰。

11.5.3 论学习力的重要性

不清楚你的工作经历，不了解你的努力程度，你只是说喜欢 HR 这份工作，却一直从事事务性工作，轻松舒适，并没有学到多少东西。

其实，你并没有真正地从事过人力资源工作，甚至没有系统地了解什么是人力资源。你所谓的喜欢，可能只是一种美丽的错觉，你喜欢的不是人资，而是这种自由轻松的状态。

职场中，不止尔虞我诈，还有不断的学习提高。没有人可以制止你学习，同样也没有帮助你学习的义务。

上学时学霸永远分两类人：一类不但学习好，而且各方面都很突出，这是智商情商的完美结合；一种只是学习好的平凡人，徒有智商而已。

学习，考验的不仅是智商，更是情商。步入职场后，学习尤为关键，这关系到职业生涯规划中内生涯的实现与否。

如果放弃学习，而空谈职业规划，有什么意义？几年后，当你被生活压弯了腰，肯定不会再谈，因为已经没有开口的必要。

11.5.4 谁造成了今天的结局

如果不学习，只是空谈职业规划，有什么意义？当过几年，你被生活压弯了腰，肯定不会再谈了，因为已经没有了开口的必要。现实总是这么残酷。为什么会导致这样的状况？

1. 与个人资质有关

个人资质，的确是一个关键性因素。“双商”的高与低，哪个更容易出成果？坚持学习与得过且过，谁更容易成功？

北京六环的房子想卖出三环的价格，无疑是小事件概率事件。对资质平庸者提过高的要求，显然是强人所难。

2. 与中国经济发展不平衡有关

很多国家没有传说中的春运，也没有所谓的空巢老人。为什么？因为他们的经济从地域上讲发展很均衡，小乡村也可以有知名企业，在哪里都能实现自己的人生抱负。

中国经济发展地域化差异非常大，资源几乎全部集中在一线城市。经济发展不同，自然导致地区收入差异。一线城市年薪五十万的人资总监，如何在小县城实现自我价值？

3. 大学扩招惹的祸

记得我们是最后一届未扩招的，算是赶上了末班车。此后分数线连年跳水，据说 200 多分也可以上大学。相伴相生的，大学学费一路水涨船高。

国外大学是宽进严出，国内大学是宽进宽出，大学似乎不再是培养人才的摇篮，成为一种商业行为。很多人大学毕业后，陷入城市混得不如意，老家又回不去的尴尬境况。有段时间，城市甚至出现了“蚁族”和胶囊旅馆。

工作很大程度上只是一种谋生的手段，喜欢的前提是生存。很多人喜欢文学、喜欢美食，但没听说过一定要当作家、做厨师吧。纵观古今，很多杰出人士并不是因为喜欢而杰出，而是因为奋斗而杰出。

人，放错了地方将一文不值，找到适合自己的位置是当下最重要的事。HR 不是万能的，越是小城市就越无用武之地。换个工作，可能更符合你当下的环境和状态。记住，工作只是手段，不要对手段心存偏爱，只要你奋斗进取，在哪里都会成功。

第 12 章

空降兵的 A 面 B 面

对职场空降兵而言，机遇与挑战并存，想赢得认可与接纳，需要用“双赢”思维，合理定位。当别人感受到你的善意时，他们才会在意你的才能。事实上，如果不能顺利度过信任建立期，无法体现自己的职业价值，只能黯然离去。

12.1 空降兵的角色定位与思维模式

岁末年初，我空降到一家物流贸易集团任人力资源部经理。现在，总部对我的人力资源工作很不满意，主要体现在人力资源的基础工作薄弱，对业务支持不到位等。请问如何才能对症下药，快速、有效地解决上述问题，得到集团领导的认可？

作为人资经理，空降到一家物流公司，可思考的维度很多：如何快速得到集团人资和公司领导的认可；如何管理年龄大的下属；如何扭转人资基础工作薄弱、对业务支持不到位的现状……

从 HR 的专业角度，我想做几个马后炮式的调查：入职前，你是否认同老板的价值理念？是否认可企业的文化氛围？老板对你的期望值如何，是否偏高？

空降兵到底该如何体现价值？前人曾总结“八大要点”：运用经历、调整心态、进入高层、摸透老板、驾驭沟通、潜心做事、善理人际、修炼意境等。我们也可将空降兵生存简单分为三个阶段：即先进入，然后被接受，最后带来变化。

作为人资经理，对于老板而言，是下属；对于专员而言，是领导；对于其他部门来讲，是同事；对于集团、社保等机构……如何定位，关系到自己的生死存亡。

12.1.1　第一次亮相的重要性

作为 HR，我们知道首因效应的重要性。如果我问你，如何在 7 秒内获得好感，10 分钟赢得信任？很多人听后的第一反应：这怎么可能？

这里要提到决定人第一印象的 55387 定律，即 55% 的服饰外表，38% 的表情声音，7% 的谈话内容。

对空降兵而言，第一次亮相有很多次。如第一次面对老板，第一次与中高层见面，第一次直面下属……良好的印象正是这样一点一滴积累而来的。你在公司第一次亮相时的表现，将被新同事反复评估衡量，这很大程度上决定你工作开展面临的助力或阻力。

杨澜说："没有人有义务必须透过连你自己都毫不在意的邋遢外表去发现你优秀的内在。"如果你不能在第一次亮相时赢得老板、同事、下属的好感，那么你以后首先要做的事，将是努力扭转劣势。

12.1.2　用向上销售的心态干人资的活

"有人去买鱼钩，最终的结果是买了一艘游艇"，这应该是向上销售最经典的案例吧。

作为 HR，如果在决定入职之前还对企业一无所知；如果无法把握住老板的理念习惯；如果对彼此还没有一个合理的定位……如何提供更有价值的方案或服务？如何有针对性地服务老板？

对空降兵而言，通过望闻问切发现问题只是第一步，关键在于如何向老板推销你的各种方案。如何通过向上销售原理，以点破面，不仅让老板通过你这次的方案，更给这个方案的相关点埋下伏笔。

向上销售的关键在于把握住升级品、附加品等有补充、加强或者升级的相关事物。这意味着，我们的方案必须具有可延展性。向上销售的适用范围很广，不仅包括老板和中高层，即使对下属也非常奏效。有的 HR 甚至可以通过一次生日会的策划延伸到员工全年福利。

12.1.3 沟通中的情势管理

我们往往把人资放在老板和员工的夹缝中，自己给自己找不痛快，左右为难，而不是左右逢源。其实，我们是来解决问题的，不是搞对立破坏的。如何保持企业、老板、下属三者方向一致性，是我们必须解决的事。

一名阿拉伯的医生这样对他的患者讲到：现在我们是三个人，你，我，还有病。所以要是你站在我这边，我们两个就比较容易打败他；要是你转到他那边去呢，我独自一人就很难对付你们两个了。

作为 HR，我们常常将简单问题复杂化。学律师的思维，学财务的严谨；要求能说，能写；要懂业务，会运营；不仅要智商高，更要情商出色……我总有种错觉，这到底是在培养 HR，还是制造 CEO？你真的了解作为 HR 的核心竞争力？这样做的结果，进一步加剧了人资边缘化！

一般来讲，集团对人资的考核，往往关系到总经理的年薪。因此，先把人资基础工作做到位，在集团人资考核中有一个好的名次，这样你会很容易得到总经理的支持。至于下属，将其绩效与集团的排名挂钩，有总经理的支持，再给予业务上的悉心指导，注意，要教会下属做事情和思考问题的方法，而不是直接给出答案。

短期看，这样做付出了很大的代价——明明 5 分钟就能说清楚的事情却花了好几天时间。但从长期看，员工的思维方式和工作方法慢慢地扭转过来了，组织效率也就提高了。这样的管理会有多难？

对空降兵而言，你的成功，专业知识最多占到 15%，85% 是人际沟通和综合素质。具体到沟通，情绪大于内容，倾听高于表述，尊重比方法更关键。你知道听的要求是什么，问的变化在哪里吗？这样的情势管理，让好的方向增强，让坏的方向消失。你做到了吗？

12.1.4 如何影响他人，成就自我

世界上最难的事情有两种：把我的思想装进你的脑子里；把你兜里的钱掏出来装进我的兜里。无论形象、心态还是沟通，我们的终极目的是影

响他人，通过成就他人，最终成就自己。

管理，从某种意义上讲是影响他人。意见不一致时，如何影响你的老板？下属抱怨多于配合，如何影响自己的下属？

我只看到你的问题，却没有发现任何有创意的想法。延伸到工作中，你是让老板做问答题，还是带着方案做选择题？

公司请你来，不是让老板或者其他人告诉你该怎么做，而是需要你解决实际问题，提供更多有效的方案，然后择优而用。

对空降兵而言，获得好感，赢得信任，最终目的是和老板同事成为朋友。不要小看朋友，使用技巧，你得到的只是佣金；建立友谊，你得到的是不可估量的财富。条件一样，我们首先考虑朋友；条件不一样，我们还是会想起朋友。很多空降兵之所以能够快速融入，正是因为他在这个企业的朋友远大于反对者。

12.2　空降兵生存的四个维度

我在一家小公司担任人力资源经理，总经理是我前上司，他入职这家公司后，把我也叫过来帮忙。近期，一位副总在管理上出了点儿问题，我就把这件事情汇报给了总经理。副总知道后，觉得我恶意告状，并扬言今后不再配合我的工作。

我刚来时，被催着推行绩效，很多人的工资都进行了调整，导致各部门对我的意见很大。再加上大家认为我是总经理的人，只会围着老总转，对我也是表面一套，暗地一套，以致很多工作都没人配合，停滞不前。

空降兵的成活率一直是个值得深思的话题。那些背景丰富、能力优秀的“空降兵”，在新东家的成活率不足 50%。甚至相当一批经理人，在加入企业一年，甚至更短时间内选择离开。

作为小公司的人资经理，无论工作内容、所处环境、眼界见识等都有天然的局限性。当然，能被总经理赏识，证明你应该有过人之处。因此，在被副总排斥，被各部门敷衍的情况下，千万不能失去自信，必须对自我保持一个客观认识。

从副总问题的处理上，可以推测你应该没有超高的情商；在绩效的推行上，也证明你不是那种专业强到令人佩服的异类。因此，我不建议你拉帮结派，玩宫斗，否则被秒肯定是分分钟的事。

“中国式结婚”中有这样一句话：嫁给了一个人，其实是嫁给这个人社会关系的总和。空降兵就像一滴水，如何与新团队水乳交融，是我们必须要面对的难题。

对空降兵而言，虽然各有各的难处，但万变不离其宗：心态、高层、中层与基层和自身，是必须兼顾的四个维度！

12.2.1 空杯心态

职场中的“拿来主义”者，总是让人不齿。有些空降兵急于求成，习惯死搬硬套原公司的制度流程，往往张冠李戴。这样的做法，不仅容易受到抵触排斥，还经常被人看轻。

狐假虎威者，打着总经理的幌子发号施令，这样的行为只会适得其反。如果长此以往，你可能既得不到总经理的支持，也会造成同事的反感，成为尴尬的边缘人。

因此，你现在首先要做的，是保持空杯心态，彻底忘掉过去，在与新同事的相处中，敞开心扉，以诚相待。

12.2.2 重新审视自己的处事原则

为什么副总会觉得你恶意告状？说起来你可能觉得委屈，难道管理上的问题我不该汇报？

其实，没有人不喜欢“听话”的下属，副总也不例外，何况在他看来，你的行为属于背后放冷箭的类型。不要问为什么他会知道，你应该知道有个词叫隔墙有耳，有句话是纸里包不住火。

对于高层，千万不要试图碰触他们的利益，时常反思自己的存在或行为是否伤害到他们的威信。在初期，不要想方设法去打破固有的利益格局，哪怕你是总经理的人。某些时候，适当地示好，给一些甜头，这样更容易被接受。

现在的状况，你所有的努力就是要降低副总对你的排斥。主动沟通、主动把自己的初衷讲给副总，更关键的是让副总把怒火完全发泄，然后再挑个不错的时机，主动承认错误。一般情况下，虽然不至于将你当自己人看待，但应该不会再针对你了。

12.2.3　平级或下属，分而治之

“各部门对我的意见很大。再加上大家认为我是总经理的人，只会围着老总转，对我也是表面一套，暗地一套，以致很多工作都没人配合，停滞不前。”我想情况还不至于如此糟糕。

入职初期，尤其在陷入被动局面时，空降兵总认为所有人都对自己不满。当这样认为时，无疑放弃了那些可能帮助你的人，时间久了，你会发现自己真的遭到所有人的敌视和排斥。

因此，你现在要做的事，就是对各部门分类对待：拉拢亲近你的人，怎么拉拢都不过分，重要的是让所有人看到你的态度；对于吃软不吃硬的人，表现出你的宽容、谦虚、真诚，最终的目的获得他们认可；对于墙头草，你需要给点儿好处，先争取过来，壮壮声势也好；当然，对于那些故意使坏的人，必须明确态度，绝不放过任何打压的机会。

12.2.4　打铁还需自身硬

一般的空降兵，最常用的方式是通过努力工作寻找突破口，恨不得一口气三把火都烧完。但凡事过犹不及，能力太强容易遭嫉，而初期根基尚浅，不易树敌。不过显然，你现在要操心的是如何改变工作得不到承认和配合的现状。

这样的现状，一方面是小公司与大公司的区别，另一方面与你的工作方式有关，但最关键的是，你没有取得各部门的支持。

工作无人配合，甚至停滞不前，这可不是一个好现象。毕竟总经理让

你来是做助手而不是拖后腿的。当你的负面影响让总经理“自身难保”时，结果会怎样？因此，你在做好以上四点的同时，重点是踏实地解决一些实际问题。

12.3 如何应对新上司的三把火

我一个月前入职内地的一家酒店工作，任 HR 主管，是由总经理直接招录进来的。总经理也只是在我前面入职四天，而且是个非常强势的人，刚一上任，就给各部门来了个下马威，动不动就是教育与罚款，要求非常严，让底下的员工很是反感，怨声非常多。除了新招进来的几位员工外，其他老员工几乎不服从管理，比如早会迟到或不来，分配下去的任务不执行不配合等。总经理要求我监督各部门的工作，说如果各部门不服从管理，这也是我人事工作的不到位。这种情况我该如何处理？

一边是强势空降的总经理，一边是生存多年的资深员工，遭遇这样的两难选择，作为入职仅一个月的人资主管，应积极面对，有所作为。

12.3.1 顾全大局，你才能立于不败之地

从工作层级和职业规范上讲，无条件执行总经理的工作安排是基本素养；高标准严要求，无论何时何地都算不上苛刻或错误；员工不配合或软抵抗，对空降的总经理而言，绝对是零容忍的行为。

作为新入职的 HR 主管，在贯彻总经理的决策部署时，不抱怨、不妥协、以身作则、严格执行，是最起码的职业要求。特别是企业处于变革动荡期，明大局识大体才能立于不败之地。

在企业管理过程中，我们最不缺指手画脚、说三道四、自以为是的老资格，永远欢迎无条件执行上级工作指令、执行过程中懂得合理利用资源、会主动利用各种调整手段的人。

老员工为什么不配合？除开个人职业素养，对他们而言，已经习惯了上一任总经理的管理风格和工作方式。新的总经理空降后，他们不得不面

临新的人际关系、新的工作方式、新的规章制度、新的处事模式……

12.3.2 这些做法，弊大于利

面对新任总经理的三把火，如何应对才能双赢？我们不妨用排除法。

1．投石问路，投机取巧

为了得到总经理的认可，很多人会积极表现，在新领导面前多晃几圈，留个好印象。当然，主动汇报和努力工作都是会被认可的行为。也有一些人，采取一些投机行为，如拍马屁；或投石问路，反映一些老员工的问题。

其实，这样做风险很高。不但得不到新上司赏识，反倒容易让其产生疑问：为什么这么做，是能力问题，还是另有企图？

很多领导都认为，拍马屁、搬弄是非的人，往往缺乏能力、不够忠诚，并不值得信任。

2．思维僵化，不知变通

老员工由于工作习惯，往往会不自觉、不分场合提到老上司的行事习惯或风格，很多老员工会发出“原先我们不是这样操作的”“原来我们是这样规定的”“原来的方案和现在完全不一样”等类似的声音。

这样的思想和行为是最令人讨厌的。因为时间、地点、人物、事件都已发生了改变，如果一直固步自封，淘汰的只能是你。

所谓“一朝天子一朝臣”，新上司的到来代表一个新时代的开始，改变是不可阻挡的。与其对抗，不如尽快适应。

3．消极怠工，止步不前

新政策的推行往往会遇到各种阻力。一些老员工对新的人和事抱有成见和抵触；或在不认同新政策或者指令时，不作为、消极对抗……

如果你在困难面前踌躇不前，消极观望，结局应该可以预见。初始阶段，新上司可能因位子不稳、缺乏得力干将等原因，选择容忍。等局面相对稳定后，出手是必然。

不如趁总经理刚空降落地，立足不稳，急需一个可靠有力的盟友时，抓住时机。如果你有能力又值得信任，这次的危机对你而言也是莫大的机遇。

4．杞人忧天，到处抱怨

新上司的加入，打破了原有的平衡，甚至影响到一些人的利益，但这些与你有多大的关系？

这时候，工作氛围非常微妙，你没必要与陌生的同事抱怨自己的不满和猜测。要知道，世上没有不透风的墙。或许你的抱怨，下一秒已经被别有用心的人，传到新上司的耳朵里。

无论你的初衷是什么，都很难扭转新上司对你的第一印象。你已经被贴上“不可靠”的标签。

5．拒绝合作，联合对抗

一般拒绝合作的员工最终会成为反面典型或被直接清除，面对新上任的总经理和几个无关痛痒的老员工，孰轻孰重，无论老板还是股东都不难做出选择。

联合对抗更是不可取。下属眼里无能或残暴的新上司，也是老板选中派来的。你们这样做，是在质疑老板的眼光吗？

12.3.3 方向对了，努力才会有结果

我们用排除法，明确以上五种做法都不可取，甚至适得其反，如何应对才是最合适的方式，其实已经浮出水面。

1．避免极力说服新上司

事实上，很多新上司都认为自己的出发点是对的，所以他们往往很难被说服。作为他信任的下属，应尽量避免以理服人，而是从新上司的角度出发，情理结合去影响他。

即使你不认同他的下马威，如罚款之类的策略，也不要轻易地站到新上司的对立面，要懂得理解和尊重对方，先执行后理解，或边执行边理解，相信能很快取得新上司的支持。

2．求同存异，利益兼顾

各部门不服从管理，工作如何到位？即使把我开了，再找一个 HR，这个问题能解决吗？光杀鸡，猴子会害怕？

我们先求同存异。都是刚空降的，生存必须放在首位。与其强压，不如一起想办法。只要你能兼顾总经理的利益，站在他的位置考虑问题，自然得到认可和支持。

这样做，至少不会腹背受敌。可以将重心放在老员工的维稳上，全心支持配合总经理的理念和政策。

3．重心放在工作上，用结果说话

其实，真正的强势，是一种影响力，而不是罚款和辞退。这个总经理算不上强势，他这么要求，是无奈之举，不敢动老员工，只能拿没后台的新人立威。

新上司走马上任，老员工并不清楚新上司的战略规划，有担心或忧虑很正常。你则无所谓了，本来也没什么根基，冲锋陷阵似乎是你唯一的价值。

你唯一能做的，是将人资部变成你的根据地，观望的、抱怨的、软抵抗的，通通剔除，然后换上自己人，这个是你能否在公司做下去以及做多久的关键。

工作除了努力，更要讲究策略。让更多的人认同总经理的管理风格，达到这个目的，你就证明了自身的价值。

4．从过程指标入手，逐步改善

在缺乏凝聚力时，很多领导喜欢抓考勤，这个不准，那个罚款，不知不觉站到了员工的对立面。

真这样做了，往往没什么效果。于是会说，有钱了精神就好了，指望着钱能改变精神面貌，显然是不可取的。

关键要让员工看到良性的改变，否则精神面貌很难脱胎换骨。我们可以从基础做起，如大厅人员的仪容仪表，后勤服务效率，顾客满意度……业绩的增长需要步步为营，先做好过程指标，这就是成绩。你的努力得到大家的认可，抵触自然也就没了，其他管理推行，也就可以顺利开展。

5．找准问题关键点，化解矛盾

上一任总经理为什么离职，我们必须心知肚明。找不准核心问题，如何得到多数员工的支持？

如果前任是因为格局而离职，如今这样变本加厉的管理方式，势必遭到中高层的抵制；如果前任是因为效益问题离职，你强压不一定有效，完成目标任务才是关键，近期至少让大家看到你的实施计划……

在接受总经理的思路，不惜一切代价苦干之前，先从经营角度去化解内部管理问题，从大方向入手，做到师出有名。如果推行新政，完全被下属合理抵触，还冠冕堂皇师出有名，那只是管理者的失败。

懂得一些职场禁忌更便于我们与新上司配合，顺利开展工作。面对强势空降的新上司，锦上添花远不如雪中送炭。当然，凡事都有底线，不要无原则地当老好人，否则成了炮灰还一无所知。

12.4　你所经历的一切，都是你的磨刀石

我的单位是一家集团公司，2012 年，我调入到一家新成立的生产工厂任职，2012 年 12 月底，大领导又安排了一个新的领导来当我的顶头上司，经过一年半的相处，我发现新领导存在很多问题。于是我调整思路，只想做一个”平民百姓”，我不抬杠，脏活累活主动做，还频繁加班，但还是不能让新领导满意。我很喜欢现在这个岗位，但由于新领导的存在，我又有些彷徨，请问，我该如何去做？

空降的新领导，让你无所适从。一年半的相处，你发现新领导在很多方面都存在“很严重”的问题。

第一个是管理方面的问题，你认为新领导存在严重的个人主义，不考虑新公司的发展，什么事情都一个人说了算。

第二个是用人方面的问题，你认为新领导尖酸刻薄，先后辞退了十几名员工，甚至大领导推荐的人，也不放过。

第三个是沟通协作的问题，你对新领导的态度，是典型的不抵抗、不

作为，虽然脏活累活主动做，还频繁加班，但完全没有沟通，更谈不上协作。

这绝对不是一个好现象。

12.4.1　定位错了，位置如何摆正

现在的你，眼里只盯住新领导的缺点，看不到其任何优点。虽说人无完人，但也不至于一无是处吧。这一切都说明你还无法客观地看待问题，看法和想法都很不成熟。

不明确领导的要求，不清楚自己的位置，导致你陷入自己的世界无法自拔。请问，为什么你眼中如此差劲的一个人，却一直得到高层的重用，难道高层都错了，真理只掌握在你的手中？

如果有一天你发现整个世界错了，一定是自己的角度出了问题。

请记住：眼见不一定为实。作为基层，还是多做少说；否则，吃亏的一定是自己。面对新领导的强势，你又是如何应对的？

你以为用苦劳就可以掩盖一切？其实，你只是用忙碌逃避与新领导面对面的沟通。对于新领导的意图，如哪种工作结果更符合要求，你还没有想清楚，甚至一无所知。

从生产工厂新成立时的积极，到空降领导来后的审视，再到现在的消极迷茫……看似是上下级关系问题，实质是对自己的定位一直存在误区。错误的定位让心态失衡，导致在与新领导的配合、沟通等方面出现抱怨、不作为等偏激行为。

领导是权力比你大、地位比你高、看得比你远的的人。对于领导，不一定阿谀奉承、曲意迎合，但摆正自己的位置，领会领导的意图，为领导着想，绝对必不可少。

我们不奢望成为领导的红人一步登天，但也绝不希望自己的一切努力都毫无价值。其实，现在我们所经历的一切，都是人生的磨刀石。

12.4.2　高层、中层、基层的错位

一个优秀的高层往往思维敏捷，前瞻意识强，方向感非常准，具有极强的感染力。现实却是这样一种状况：很多高层的关注点始终是客户，为了业绩疲于奔命，总是奔赴一线。请问，一个高管做着中层的事时，中层做什么？

中层既是高层思想及战略的贯彻者，又是基层操作执行的指导者。中层需要具备系统性思维，上能接战略，下能落地实施。很多中层也是从基层晋升而来，经常出现管理不善、单打独斗的现象。

基层员工反而考虑的是管理、用人等方面的事情。于是基层员工要么报怨不止，要么消极怠工，甚至萌生退意……

在很多公司，错位已成为常态：高管做了中层的事，中层做了基层的事，基层无所事事……一意孤行的“错位”会让企业以及个人都付出惨痛的代价！

无疑，新领导不属于受欢迎的指导型和授权型，而是强势铁血的。你落入先入为主的思维定势，处处看领导不顺眼，却看不到其丝毫闪光点。

当你否定领导的能力时，也在间接否定集团高层的能力。因此，只有认清高层、中层、基层的区别，找准自己的位置，才能发挥出自身的价值和潜力。

12.4.3　以始为终，具备结构化思维

不是所有的事情都需要你擅自决定，但也绝非任何事情都一定请示领导，领导需要你帮他分担，而非事事烦他。

基层一定是“领导让做什么就做什么”？遇到大包大揽的领导，岂不是什么也不用做了？这种心态其实是一种消极，一种软抵抗。

作为基层，除了要有一颗铁打的心，更要有自己的思维模式，即结构化思维。做任何事，先考虑做事的目的，以始为终，然后找出做事达成目的的方法与逻辑。

领导要的不是听话的员工，而是能把工作做到优秀的员工。而这种结构性思维，是需要不断历练和塑造的。如果你没有结果，那么不管你加班五十个小时还是八十个小时，又有何区别？

12.4.4　与其抱怨，不如努力让自己更有价值

没有不合理的职场，只有不合理的心态。身处一个复杂环境不是你的错，错在你怨天尤人，抱怨不止。

你对领导有一种习惯性的依赖，新领导上任初期，你是欢迎的，因为可以把你解放出来，然而剧情的发展显然偏离了你的预期。

新领导有自己的行事标准与要求，这带给你巨大的冲击，而依赖与想当然的心态，进一步加剧了这种落差。

工作没做好没关系，千万不要以任何借口抱怨。在抱怨领导如何不济之前，先问问自己，难道会比领导更优秀？与其抱怨，不如努力让自己变得有价值。

从你的只言片语中，我只看到抱怨，而没有自省，这其实也是一种不成熟的表现。你的抱怨一旦扩散，便是工作态度问题。从积极行动到消极彷徨，你究竟制造了多少负能量？

与其抱怨，不如摆正心态，沉下心去，了解领导的关注点，揣摩他喜欢的沟通风格。雷厉风行的领导，批评可能会严厉，但很少记恨谁。你不能再封闭下去了，最好积极沟通，直抒己见，面对面交流，尽量不要采用邮件等间接沟通方式。

12.4.5　你是如何汇报工作的

认为职场不合理、领导无能，都只是失败者的借口。失败者善于找借口，将所有责任推卸给别人后，失败者便可以心安理得的继续失败下去了。

我只听到你对领导的不满和抱怨，并未看到你的成果展示和工作方式。你是如何汇报工作的？不要说自己工作多么艰辛，多么不容易，必须把结果呈现给领导，只有结果才能证明你的价值。

汇报工作说结果，请示工作说方案，总结工作说流程，回忆工作说感受……与其抱怨领导，指责领导一些莫须有的缺点，不如反思自我，总结提高。

面对强势铁血的新领导，不必畏惧，无须抱怨。说到底大家目标一致，都是为了将工作做好，有机会找领导多谈一谈，你们的距离感消失了，关系也会更近一步。

第 13 章

招聘新思维

招聘的重要性无需多言，没有人，各种计划、目标都将流于形式。一成不变的传统思维让招聘陷入困境，不改变思路，只能坐以待毙！当我们将招聘与财务、运营、销售有机融合，转向寻求应聘者的化学反应；当我们尝试用开放的心态贴心的服务关注求职者；当预算分析、数据管理、产品思维与招聘密不可分时，招聘或许将成为一件很简单的事。

13.1 借鉴财务预算思维确定岗位数量

我最近换了一家制造企业，负责招聘及培训。由于行业特点，公司是每年 8 月份整理一次人员规划，最近公司在两大招聘网站所剩的岗位发布数量不足以支撑到明年 8 月份，老板要我们人资评估一下，从现在到明年 8 月份公司还需要多少个岗位数量才能满足需求。这个事情交给我主要负责，我现在还没有头绪该如何下手，总不能信口开河告诉老板一个数字吧。我该如何完成这项工作？

制造企业的招聘任务相对繁杂，要确定下年度岗位数量，看似无处下手，但绝非无迹可寻。如果有年度目标，可将年度目标任务分解作为主要依据，做出相匹配的年度招聘计划；如果公司没有年度目标的话，可结合企业往年的产量、销量、人员流失率等指标，完成岗位数量的确认。

人资之外，我们不妨借鉴财务预算的编制方式，来确定下年度的岗位数量。

13.1.1 固定预算

固定预算是把企业预算期的业务量固定在某一预计水平上，以此为基础来确定其他项目预计数的预算方法。也就是说，预算期内编制预算所依据的信息都只是在一个预定的业务量水平的基础上确定的，我们同样可以借鉴在确定岗位数量上。

如果企业处于平稳发展期，人员流动趋于平稳，我们只需拿出上年度相关岗位信息，排除一些特殊情况，在原有基础上略作增减，就可以确定下年度的岗位数量了。这无疑是最简单快捷的方式。

13.1.2　弹性预算

弹性预算是在成本习性分类的基础上，根据量、本、利之间的依存关系，考虑到计划期间业务量可能发生的变动，编制出一套适应多种业务量的费用预算，以便分别反映在各种业务量的情况下所应支付的费用水平。

如果采用弹性预算的思维方式确定下年度的岗位数量，前提是先将与生产关系密切的岗位罗列出来，然后确定预算期内的业务量以及业务量与岗位之间的配比关系就可以了。何况，现在要的只是岗位数量，对人数并无要求，相对简单很多。

13.1.3　增量预算

增量预算是指以基期成本费用水平为基础，结合预算业务量水平及有关降低成本的措施，通过调整原有费用项目而编制预算的方法。

用增量预算的思维方式确定岗位数量方法比较简单，前提是承认过去的编制是合理的，无需改进。如果不加分析地保留或接受原有的岗位数量，可能使原来不合理的岗位继续存在，而得不到控制，形成预算上不必要的浪费。

13.1.4　零基预算

零基预算，是指在编制预算时，对于所有的预算支出均以零点为基础，不考虑其以往情况如何，从实际需要与可能出发，研究分析各项预算费用开支是否必要合理，进行综合平衡，从而确定预算费用。

零基预算是区别于传统的增量预算而设计的一种编制费用预算的方法，其基本做法是：

- 企业内部各有关部门，根据企业的总体目标和各该部门的具体任务，提出预算期内需要的各个岗位数量。

- 对各项预算方案进行人力成本与效益分析。即对每一种岗位数量所费与所得进行对比，权衡得失，据以判断各项费用开支的合理性及优先顺序。
- 根据生产经营的客观需要与一定期间资金供应的实际可能，在预算中对各个岗位数量进行择优安排，分配资金，落实预算。
- 划分不可延缓岗位与可延缓岗位，根据需要和现状，按照岗位的轻重缓急确定岗位的数量范围。

但零基预算的工作量比较庞大，需要各部门的全力支持与配合，并不适合长期开展，基本上三四年开展一次就足够了。

财务预算的编制办法还有很多，有兴趣的可以去了解下，我不再详细列举。其实，我只是提供一种工作的思维方式，希望对以后的工作能起到颠覆性的改善。人资并不是孤立的，只有当我们将人资与生产、销售、财务等结合一起的时候，我们才能更好地解决实际困难，发挥人资的价值。

13.2 运营思维在招聘与离职中的应用

我们公司是一家品牌服装连锁公司，员工 200 人左右，我主管招聘工作。我们公司各部门都有一级考核指标，离职率作为人力资源部的一级考核指标之一，硬生生的落到了我的身上，我觉得特别不合理。我是负责招人的，又不负责离职，员工离职的原因多种多样，跟我有啥关系；再说，用人不在人力资源部，离职我们也管控不了呀，非要用这个指标考核我们，确实很牵强。请教大家，员工离职，HR 要负多少责任？用离职率考核 HR 到底合不合适？

盖洛普说过，75% 的员工离职是离开他们的主管而非公司。从这个观点看，员工离职似乎与 HR 关联不大，事实果真如此吗？这就是我们要的结果？划分责任又怎样，该离职的已经离职，损失已经无可挽回。

对于离职原因，有“心委屈了，钱没给够”的直接；有“世界那么大，我想去看看”的任性……但具体离职原因最终还是绕不开待遇、发展、直接上司和文化四个方面。

13.2.1 “232 离职定律”

“232 离职定律”对离职责任做了阶段性的划分。

第一个“2”即两周。员工到公司两周内辞职走人，百分之九十九是招聘的责任！现在招聘有多难？谁做谁知道。言过其实或避重就轻是招聘的惯用策略，终于来公司了，却发现与应聘时的介绍完全天壤之别。这时候选择离职还是继续观望，很多人更趋向于前者。

第二个“3”是三个月试用期。员工在试用期之内辞职，原因有多种可能：

- 招聘人员的许诺迟迟不能兑现。如到岗后的职位、培训、享有的福利等，一个月两个月过去了，却看不到任何希望，对公司已经失去耐心和信任，离职成为唯一的出路。
- 招聘时言过其实的后遗症。如描述企业文化如何融洽，然而 3 个月下来，他对公司的企业文化有了真实的体会，发现完全不是那么回事。员工会重新思考，很少选择继续等待或努力适应。
- 上司的影响。再好的公司，如果你面对一个不合拍的上司，“要么忍”，“要么滚”，是现实的无奈。忍无可忍，无须再忍，离职成为最好的解脱。

最后一个“2”是两年。员工在一个公司做到两年，证明他对公司有了基本的认可。然而两年后，他依然原地踏步，没有任何突破、升职或者工作轮换的机会。

从以上分析，我们不难得出结论，将员工离职率作为招聘专员的考核指标之一，还是很有必要的。这可以在一定程度上避免招聘专员思维单一性。招聘就是招聘，其他统统与我无关，这样的指导思想，谈什么配合？

13.2.2 统计在招聘中的应用

作为招聘专员，如果目光只盯着招聘，一味地看重到岗率，在招聘时，很容易出现不实、偏差甚至欺骗等不良现象。与其划分离职的责任，不如将招聘与离职结合起来。

我们必须意识到资源的有限性：公司发布的岗位，投递量不是无限大，甚至有很多无效投递。如果一个招聘专员，只是努力的电话邀请、面试复试……这样的招聘效果如何评估？难道仅看招聘结果？

我们单位的招聘，离不开统计。我们统计新发布岗位的简历投递量，统计合适的简历量，统计面试邀约量、初试量、复试量、直到最终的录用人数……

通过体系化的统计，我们很容易发现招聘中存在的问题。如果是简历投递量的问题，我们会从招聘信息的编写、薪酬的竞争力、企业的综合实力等方面评估；如果是面试邀约量的问题，我们会从简历挑选水平、面试邀约技巧等方面分析，然后提出具体的改善计划……

通过这样的统计及分析数据，我们很清楚发现与招聘环节相关的转化率，HR 在招聘中发挥的作用或缺点都一目了然。哪些应该继续保持，哪些必须加强完善，都一清二楚。这样的过程数据，同招聘结果一起，作为招聘专员绩效考核的一个方向。

13.2.3 运营思维对 HR 工作的影响

我们单位的入、离职，同样受到运营思维的影响，将数据统计及工作效率贯穿始终。

新员工入职，在我们看来如同一个新客户初到公司，如何让其留下来，认可公司，我们同样有具体的分工和考核。

新员工入职，人资部要做这些工作：先签订合同等协议，再进行为期三天的入职培训，考核通过后分配到各个部门，然后一周内对新员工每天的工作内容进行统计分析，确保每天沟通到位；试用期内，每周对员工的工作总结做详细了解，每周一次新员工座谈会；试用期间，每月对新员工反映的问题集中回复，对员工的异常情况进行跟踪落实，如迟到早退请假，浏览招聘网站，内部纠纷等现象。这些都作为招聘专员的绩效考核指标严格执行，并有详细的评分细则。

员工过了试用期，依然与人资部的工作息息相关。人资的员工关系专员，会关注老员工的心态起伏和思想波动，做到适时有效的沟通。沟通的覆盖面、方式、效果等，都将作为员工关系专员的考核依据。

人资部做好以上工作，只是基础，还谈不上到位！员工内部竞聘方案、职业倾向调查、培训效果评估等都将作为人资部的硬性考核指标。

用运营的思维做招聘与离职，我们不仅关注结果性指标，更会将重点放在过程指标的达成上。公司要求的过程指标你做到什么程度；每个环节的转化率到底如何；面对员工的异动情况你采取了哪些有效措施？起到了什么样的效果……都在我们关注的范围。

用运营的思维看待招聘与离职，你会发现真相往往与想象的大相径庭。招聘中简历多，电话多，面试多，是不是一定值得肯定？通过一系列的数字分析，我们要的是如何增加招聘与离职的黏性，从而提高招聘转化率，减少离职率，找到更多提升结果和效率的途径。

13.3 用产品思维做招聘

最近在外面听课，老师在课堂上讲到了一套产品经理的思维模式用做企业人才招聘，前几年也有听过类似的课程，比如“用营销人员的思维模式做招聘”等。听完之后感觉好像很厉害，但是实际运用时又一知半解，最后还是回到和以前一样的工作状态。这些营销思维、产品思维和传统招聘方式有哪些区别呢？我们应该如何运用这些新型观点做好招聘工作？

从销售思维到运营思维，从互联网思维到产品思维……招聘理念不断被创新，每次都令人眼前一亮，甚至蠢蠢欲动。真正回到现实，又发现这些思维模式有点鸡肋，对招聘帮助十分有限。其实，很多时候，理论与现实之间，隔着一个海的距离。

13.3.1 揭开产品思维的面纱

产品思维模式并不神秘，与互联网思维等类似，它的核心也是用户思维。用户首先要考虑产品的核心用户是谁，根据用户的差异细分，是什么人在使用产品，只有找到真正的用户，才能真正找到他们需要被解决的问题。并不是所有的用户需求都一样。

用户思维在招聘体现在两个方面：①有针对性地满足需求，而不是想当然；②差异化地满足不同求职者的需求，而不是吃大锅饭。

举个例子，随着城市拆迁愈演愈烈，房子越来越难租，租金越来越高。很多人找工作，不看是否缴纳五险一金，不看是否双休，首先关注是否包吃包住。这时候招聘一味地索要高薪，不如适时体现出免费吃住，有条件的甚至可以明确吃住规格。哪个更吸引人，不言而喻。

也许很多人会讲，老板根本不支持提供住宿，何况这种策略对当地人并没多少吸引力……初听似乎很有道理，但细想却不是那么回事。食宿是提供给最需要的人，不需要食宿的人，我们可以用补助的形式体现，满足不同人员的差异化需求，让每一个面试者都能找到自己的关注点。

不要以为用户思维成本很大，有时候面试者要的只是一种尊重。有这样一家公司，他们坚持为每一位前来面试的人倒一杯温度适宜的开水，坚持将每一位面试者从五楼送下，目送其离开……很多员工入职后会由衷地感叹，“要不是招聘专员不断地真诚地道歉，细心地添水，我可能等不到面试就走了。”

即使以上案例都是真实的，用户思维也不一定能拿来即用，还取决于很多条件：HR 对老板的影响力；HR 对用户需求的敏锐性；HR 举一反三的能力……如果做不到以上三点，用户思维很可能沦为鸡肋。

13.3.2 真正的痛点

痛点是产品思维里最常见的分析点，一个产品是否能够成功，首先要看它是否解决了某类用户的痛点需求。

很多产品解决的痛点并不痛。比如停车和洗车相比，停车是真正的痛点。当你要考虑一个产品是否需要增加一个新的需求时，不应该问用户想不想要这个功能，而应该问没有这个功能可不可以。

真正的痛点能让用户感到惊喜。

痛点在招聘挖人时体现得最突出。能被公司列为挖的对象，以中高层居多。普通招聘常用的吸引点是高薪，但再高的薪酬也有个度，何况对一些人而言，薪水只是一种形式，多一点少一点并非关键。

前段时间我也在组建新的团队，挖人是重中之重，当时有一位条件特别符合的高层，他所在的公司比我们的大，他的薪水在同行业绝对不低……到底用什么打动他，是我一直在思索的问题。

后来我了解到，他在原公司工作得不是太开心，处处受排挤。这正是他的痛点，也是我们公司最大的优势！只要他来，我们能做到一切以他为核心；我们的管理层级更扁平化，他可以直接与老板对话；我们的工作氛围更人性化……

闲聊中他向我抱怨，有次他没打卡，人资竟然要调监控……我能听出他对公司管理的不满。我适时地告诉他，我们公司的中高层实行弹性工作制，然后不露痕迹地延伸到对人的尊重层面。他像是找到知己一般，激动地表示认同，对，就应该这样！

如果找不准被选人的痛点，可能会南辕北辙。他要的是工作氛围，你一直讲高薪，或许这恰好是他上次经历的翻版，后果会怎么样，不难预料。于是，痛点思维在你眼里依然是鸡肋。

13.3.3　用户体验在招聘中的应用

用户体验是产品思维另一个核心，作为产品经理要时时刻刻以用户体验为第一，但将考虑用户体验变成习惯确实需要时间。

招聘中，我们会收到不少海投简历，也会搜索一些符合条件的人选。如何邀约，让他们能顺利地来到公司，进入体验环节，这是我们最头疼的工作。

作为 HR，我们已经习惯了在各个环节被放鸽子。从邀约到初试，从二面到录取，甚至入职前后还被爽约。

用户体验是一把双刃剑，于 HR 而言，最苦恼的事莫过于能拿得出手、值得被体验的内容太少。其实这也是一个误区，很多硬件我们短时间内无法改变，但许多软件还是可以快速提高的。

如第一次邀约时，如何让对方通过声音感受你的真诚、规范、高素质；第一次面试接待时，如何让应聘者感受到公司高效的办事效率以及人性化的管理……如果做不好这些，用户体验自然成为鸡肋。

可见，产品思维模式是否鸡肋，最终取决于 HR 本身。

13.3.4 如何培养和转变产品思维

产品思维在招聘中的应用还有很多，我们更感兴趣的是：如何培养和转变产品思维？

- 多思考为什么要多问 Why，遇到问题和需求，问三到四个为什么，不要盲目下判断，甚至自暴自弃。

如遇到面试爽约的，不要有太多抱怨，而是多问几个为什么，是天气原因，还是路途不顺，或者临时有事走不开……这样有助于我们更理性地看待和解决这个问题。

- 强迫自己用产品思维思考问题，如我为什么要做这件事，用户是谁，干系人是谁，什么样的场景解决什么问题，用户关注点，体验如何等等。

很多时候我们会接到一些临时的招聘任务，如招聘一批销售专员。这时候很多人会无所适从，只会在群里求助，销售人员怎么招？如果用产品思维来分析这个招聘任务，如何招聘是一件很清晰的事。

- 多做产品分析，锻炼思维，快速熟悉产品的优缺点等。

产品思维也好，用户思维也罢，都需要对公司这个产品有深刻的认识，才能熟悉公司的优缺点，最终满足应聘者的个性需求。如果对公司一无所知，即使再了解产品思维模式，也无法落地。

- 勤总结，多分享，巩固知识和加深理解，如果有机会一定多与他人交流分享。

当我们了解产品思维模式后，不能只有三分钟的热度，而是要强迫自己转变思维，用产品方式思考问题，甚至是强迫自己用产品思维方式解决问题，练习到一定程度以后，你会在新的高度形成舒适区。这时，无论招聘还是生活，都会自然而然的展现产品思维。

13.4　让销售成为一种招聘方式

我是一个刚刚步入工作岗位的 HR 小白，目前主要做招聘工作，最近招聘情况不理想，向几个资深的 HR 请教，可是他们也纷纷吐槽招聘难。有人说，现在如果继续用老套路做招聘，肯定走投无路，我们招聘的 HR 应该向销售人员学习，做销售型的招聘专员。

对于我来说，只要能把工作做好，任何方法都愿意试一试，可是这么新颖的概念还是第一次听说呢，具体操作就更搞不清楚了。该如何用销售的模式开展招聘工作？

爱人有一位卖保险的老乡，平时走动很少，但逢年过节她都会登门拜访，来家必带些水果、小孩玩具之类的礼物，让人不好拒绝。一来二去，在她的建议下我们给小儿子买了十几万的保险。此后走动更是频繁，一起聚餐、包粽子、认识彼此的朋友……结果是，身边有朋友被“洗脑”，心甘情愿地买了不少保险；爱人老乡也投桃报李，给朋友介绍了不少客户，算是皆大欢喜。

可见，人生处处皆是销售，销售已成为一种生活方式，一种贯穿和渗透于各种活动中的生活理念。而招聘，如果一直局限于传统模式，如何与时俱进？

13.4.1　销售的本质

什么是销售？销售从本质上来讲是满足客户需求的过程。因此，对销售而言，搞定客户才能生存，让客户追随才是王道。

大家都在喊招聘难，难招聘，关键在于两点：一是有效简历投递量少；二是面试及入职率都很低，让 HR 顿生有心无力之感。加之单位的先天缺陷，领导的不支持，最终导致招聘索然无味。

销售没你想的那么简单。为什么同样的地段，一些店铺关门大吉，另一些却屹立不倒？为什么同样的货品，有的店门可罗雀，有的却风生水起？销售中可运用的战术变幻无常，“五条金律”、“四大技巧”都是基本功……而“心理战术”却是隐藏在所有战术背后最根本的力量。人人都想在销售这场残酷的战争中赢得滚滚财源，但并非每个人都真正懂得商战谋略。

13.4.2 销售与招聘的契合点

很多 HR 视招聘为鸡肋，很多招聘专员总想着向其它模块发展……但招聘真得如此简单吗？企业可以没有绩效，可以不要培训……但唯独不能没有招聘！是谁让招聘沦为发布信息、电话通知的无技术含量岗位？

根源还在于我们自身！你是如何筛选招聘网站的；你的招聘流程是否规范；你的面试技巧处于哪个段位，是否有专用话术；与销售对比，你在招聘中究竟做了哪些工作？这些都可以用销售的思维去实践。

招聘与销售，看似风马牛不相及，但其实本质并无区别，也可以说，两者有很多相通之处。招聘本质是把企业推销给符合要求的应聘者。

销售到底在卖什么？生客卖礼貌；熟客卖热情；急客卖效率；慢客卖耐心；有钱卖尊贵；没钱卖实惠；时髦卖时尚；豪客卖仗义；小气卖利益；享受型客户卖服务；虚荣型客户卖荣誉；挑剔型卖细节；随和型卖认同感；犹豫型客户卖保障……

招聘更是如此！有时候，我们感叹招聘拼的是效率；有时候，我们说招聘玩的是技巧；有时候，我们才发现招聘离不开思维创新……的确都很有道理，因为我们会面对各种各样的应聘者，不同类别采用不同的招聘策略，才能真正起到一定的作用。借鉴销售的买卖之道，你在招聘中做了哪些工作，起到了什么效果？

13.4.3 用销售的思维做招聘

现实中我们的招聘模式似乎一成不变，简单甚至粗暴！优秀的销售是否同招聘一样简单直接？在信息爆炸的年代，要让应聘者记住你，记住你的企业，你必须像销售一样，学会想象，学会引导，让他感受到实实在在的真诚和切实的利益，甚至感觉你一直站在他的角度考虑问题。

举个例子，招聘时，单位的优势我一般不谈，而是会与面试者聊城市的堵车环境福利等话题，取得其共鸣后，话锋一转，再对比介绍自己的单位，交通与其他地段比如何便利，环境如何优美，福利如何诱人……结局一般都比较理想。

让销售成为一种招聘方式，这绝不是一句口号。现实中，将招聘做到极致，最典型的莫过于猎头公司！如果你对招聘依然没有任何头绪，我建议可以去猎头公司走走看看，你会发现，招聘同销售一样，完全是一个整合资源的过程。

各种资源及人际关系，对招聘的影响不可小觑，因此很多企业注重内部推荐。很多 HR 偏爱微信招聘，或经常潜在各个行业群里，不惜被禁言甚至冒着被清理的风险发布招聘信息，这都是资源整合的一种方式！

销售上有个说法，开发一个新客户的成本是保持一个老客户成本的 N 倍！老客户带来的生意远比你想象中的要多得多。因此，优秀的销售员都非常注意和已成交的顾客维持良好关系。

作为招聘的你，又是如何维护你的“老客户”的呢？其实做起来很简单，建个微信群，节假日的真诚问候，平时的嘘寒问暖，发布信息时的热情邀约……或许你会发现，有时候，一些微不足道的举动，会起到意想不到的招聘效果！

13.5　创新思维，让招聘描述不再千篇一律

我目前在职一家 IT 外包公司做招聘工作，公司在这个城市并不出名，本地的 IT 人员很缺乏，选择外包公司的更少，导致我一直很难招到人。现在我感觉已经有了阴影，每次给别人电话的时候总是底气不足，对于别人的提问，回答也是模棱两可，总担心说错话别人会不考虑我们。其实在业

内来讲，我们的条件并不比别家公司差，招聘却陷入困境。

请问：在公司条件描述方面，比如薪酬、企业文化、绩效等等，如何表述才能深入人心、更加吸引求职者？

招聘是个系统工程，任何一个环节做不到位，都会影响招聘的最终效果。公司各方面条件如何描述，才能吸引更多求职者？

突然想起楼下理发店营业时间的经典描述：

开门时间：08：:30；睡过头了：10:00；旅游去了：不开门；泡妞去了：不开门；正常打烊：22:00；姑娘太多：23:00；有美女：不打烊；全是爷们：提前打烊。

据我观察，回头率很高，也有不少禁不住诱惑而进店咨询的。

13.5.1 招聘信息的创新

率先在招聘信息描述上创新的，应该是现场招聘。不少企业在招聘海报上下足了功夫，不仅用“招兵买马”“寻人启事”取代了以往的“招聘信息”等字眼；内容上，也使用了第一人称，有亲昵的语言，有对话的方式，对招聘对象提出要求，勾勒特征特点。随意举几例：

既然半辈子都在工作，不如找个自己喜欢的吧……

我们一直在等待这样一个你，你不需要很优秀，但必须专注，你不需要有经验，但必须好学……

幼时爱写检讨，长大爱写情书。不必才高八斗，但要思路清晰。不必倒背四书五经，但要懂得孙子到老子……

很多企业的招聘海报，虽不是“恋爱体”，但仍有与求职者平等对话的语气。应聘者称，这样的海报给人亲切的感觉，至少看出企业对员工人性化的一面，让人对企业的工作氛围充满期待。

IT行业作为朝阳产业，可以说是创新的代名词。网络招聘采用创新思维，写一些贴合行业和企业的招聘启事，可以说是水到渠成的事情。以国际新闻编译实习生为例，我们可以这样编写招聘信息。

职责，可以用“你做好以下几点就ok”代替；

- 浏览国际各大媒体，搜寻国际新闻热点；
- 综合国际媒体文章，编译撰写文章。

胜任条件可换个口气，不那么生硬，我们希望你：

- 英语好，准确而言，英语阅读好。即使你一开口是“中式英语”，但看英文文章可以一目三行不用词典，我们也欢迎；
- 熟悉国际新闻；
- 性别不限，星座不限，个性太强无所谓，我们只欣赏靠谱的人；
- 会多种语种的优先考虑；
- 在校生。

工作地点北京，请附上英语能力证明（八级证书、雅思、托福 GRE 成绩、6 级成绩皆可）。

我们会提供实习补助。希望你能每周工作 5 天，实习最短 3 个月，如果彼此都喜欢，那就转正入职吧！

13.5.2　打造符合公司气质的亮点

同等条件下，为什么被求职者抛弃？这证明我们的亮点还不足够吸引眼球，必须打造出符合自身气质的亮点，吸引众多志趣相投的应聘者。

在招聘信息中我们可以这样写，突出公司硬软件的实力。为什么选择我们？

- IT 与创新的完美结合，高速发展的平台；
- 充满挑战的工作岗位，用能力说话，用态度说话，用成绩说话——只要你愿意奋斗，就有充足的机会；
- 有激情、有梦想的团队，和谐的人际关系，团结的文化氛围；
- 完善的新员工入职培训、岗位培训、一对一帮带成长体系；
- 高于行业标准的薪酬体系。

我们希望你：

- 有清晰的职业目标和个人理想，愿意在 IT 行业内奋斗；
- 热爱阅读，有强烈的好奇心和进取心；

- 大学成绩良好，有较好的学习习惯；
- 勤奋踏实，勤于思考，有良好的团队协作精神。

这样描述，突出了企业的实力和亮点，而写要求，看似是对应聘者的限制，其实从另一个侧面再次展示企业的亮点。

招聘信息不一定都是千篇一律的条款，也不一定是创意无限的“恋爱体”，对于 IT 行业来讲，偶尔诗歌体也无不可。如岗位职责可这样描述：

我们知道，您从来不缺少工作，寻找的是携手相依的归宿
我们了解，您从来不缺少机会，寻找的是施展才华的舞台
我们明白，人才从来不是招来的
如果你的家境不错
如果你过于关注上班时间
如果你只是想要一份稳定工作
对不起这不是你要的工作
我们只是希望把工作给需要的人
如果你有良好的基础素质，能够理解我们的理念
如果你有充分的激情，年轻则是你的优势
如果你对未来有美好的期望
愿意通过努力改变自己的命运
愿意不断学习和成长
有无经验均可
我们将与您一起，规划你的职业生涯，实现我们共同的梦想

这样的描述，很容易将我们企业与那些呆板教条不知创新的区分开来！相信对于应聘者有着足够的诱惑。

13.5.3 让你的企业充满竞争力

“现在我感觉都已经有了阴影，每次给别人电话的时候总是底气不足，

对于别人提的问题，回答的也模棱两可，总担心我说了之后别人会不考虑我们。”为什么会如此？一是对企业缺乏深入的了解，二是缺乏突发情况的应变能力。该如何破解？

1．横向纵向对比

你可以把行业内相关企业的各种相关信息进行搜集，然后与本企业的各项指标进行对比，让应聘者通过数据了解到企业的优势。

你也可以把企业近三到五年的数据进行整理，通过详实的数据，向应聘者证明，我们企业一直处于良性发展，且一直在上升阶段，对于 IT 行业来说，选平台更重要。

2．虚拟各种面试问题

既然你在沟通能力上偏弱，那可以早做准备。以前应聘者经常提出哪些问题？他们可能会提出哪些问题？一些面试宝典上的问题被提的可能性有多大？当你把各种可能出现的问题搜集归纳整理后，你的表现只会一次比一次好，你的招聘效果也会一次比一次好！

学历是铜牌，能力是银牌，人际关系是金牌，思维是王牌。这是我最欣赏的一句话，在此送与各位卡友。在招聘中，我们合理地利用思维创新，一定会有意想不到的收获。

13.6 换一种思维，轻松破解招聘中的技术难题

我是一位工作多年的 HRM，最近刚刚跳槽到一家技术型企业，部门除了我以外还有一名招聘专员和薪酬绩效专员。最近在工作中发现这位招聘专员资历很浅，不能很好地判断候选者是否合适。特别是我们公司主要招聘技术型人才，很多技术人员做事能力出众但表达能力一般，结果一些比较优秀的候选者就这样被招聘专员挡在了初试之外。如何避免企业基础招聘人员把优秀人才挡在面试第一轮？

很多高级人才喜欢通过猎头求职而非招聘网站投递简历，为什么？因

为认知等方面完全不对等，猎头可以更好地识别人才，而招聘专员往往让明珠蒙尘。

13.6.1 谁来筛选简历

当你意识到优秀人才被招聘专员挡在面试第一轮时，是否要反思下，是否还有很多优秀人才连参加第一轮的机会都没有？

在解决首轮面试问题前，我们是否先解决简历筛选问题？其实解决简历筛选问题难度不大，可以用以下方法，简单而高效。

如果招聘量大，面试青黄不接时，人资经理完全可以对投递的简历进行二次筛选，查漏补缺。我们总经理就经常这么干，很多被人资淘汰的简历，他总能慧眼识珠地挑选出来，最后被证明还真是那么回事。我只能说：级别不同，选人的眼光差异的确很大！

换一种思维，将筛选简历的权利下放。很多时候，将筛选简历的权利给到技术部门负责人，反而选人更精准。我们不是常说：专业人做专业事，选专业技术人员，到底人资专业还是技术人员专业？相信许多专业性强的岗位大家都这么干过，效果嘛，谁用谁知道。

此外，梳理岗位胜任资格，加强招聘专员的业务技能，甚至与招聘专员一起筛选简历，现场指点，都是不错的办法。

13.6.2 谁来主导初面

筛选简历，的确会让我们的工作事半功倍。不过我们还是把重点放在如何解初面上吧，筛选简历算是适当的延伸与补充。

什么时候 HRM 会在意优秀人才被挡在第一轮面试的问题？我想应该是招聘任务重、压力大的时候，如果招聘轻松完成，没人在意这些过程吧。

另外，我们必须确认一点：仅仅是优秀人才被挡在第一轮面试，还是说通过第一轮面试的人选依然不优秀？

这时候，与用人部门保持良好关系尤为重要，如果招聘任务迟迟完不成，被用人部门参上一本，无疑是雪上加霜。

最有效最实惠的示好方式，是适当下放简历筛选权，调整面试流程。看似一个简单的顺序调整，却往往收到奇效。有时候，HR 的思维不能过于僵化，很多人认为更改面试流程是对人资权威的挑战，有那么严重吗？

13.6.3　各种因素对招聘的影响

如果人资与用人部门关系微妙，可能 HR 认为比较合适的人选，用人部门总是挑三拣四，导致招聘任务迟迟不能达成。如果每个人头上都有业绩指标，人资可能会成为背锅的不二人选。

如果关系趋于亲密，用人部门不会故意挖坑，他们挑选的人业务技能绝对过关，人资要做的工作相对简单很多，只是核实信息，谈判薪酬等常规工作。

另一个比较平衡的做法是弱化人资的决定权，第一轮面试不做定论，只打分，写建议，交给用人部门参考。用人部门面试后，再集中起来进行决议。以前招聘销售的时候经常这么干，直接排序法确定录用人选，否则以业务部门的挑剔，永远完不成任务。

最直接有效的办法，则是在部门内部对招聘进行细化分工，如一般员工归招聘专员面试，技术人员由你亲自面试，问题自然轻易解决了。在招聘任务重的情况下，老大亲自上阵很正常，没什么不好意思的。

当然，最本质的解决办法，自然是对招聘专员的专业能力进行针对性的培训，同时完善各种标准的界定。为什么不能很好地判断候选者，一方面是专员的能力问题，如面试方式，提问技巧等；一方面缺乏可参考的录用标准，如岗位职责，任职资格等要素。双管齐下，肯定有改善。

作为一名 HRM，仅仅发现问题是不够的，还必须能够多种思维随意切换，能拿出合适的解决方案，并有能力去实施推进，用结果体现价值，否则……

第 14 章

HR 必须掌握的技能

随着市场大环境的影响，传统人力资源模式逐渐被企业摒弃；微利时代，企业更趋于优化结构、降低成本、提高人效等管理模式；HR 战略化、业务化、运营化、数据化成为新趋势……这一切都意味着，不懂业务与运营，不懂财务与心理学，你可能只是一个假 HR。

14.1 人资年度规划的体系思维

今年 9 月份我入职，任 HRM，这是一家工业设计公司，人事部算上我目前三个人，虽然各个模块都在做，但大部分都处在维持基础运转的层面。入职三个多月，我一直处在逐步融入、熟悉岗位工作的阶段。转眼 2017 年就要到了，我想对部门整体工作进行梳理和规划，但感觉无从抓起，不知道该着重突出规划哪些工作。作为一个 HRM，我该如何规划好人力资源部的年度工作？

在规划人资部年度工作之前，我们有必要了解，一份完善的人力资源年度规划，应该包含哪些内容？人力资源规划的目的、时间和原则；人力资源现状分析；与公司的战略规划有机结合；未来组织架构、岗位架构的原则；未来岗位编制与岗位需求的预测；与老板的关注点有机融合。

一份人力资源年度规划，最大的问题是什么？对上，无法体现对公司战略的理解与分解；对下，无法准确实现目标的宣贯和沟通；对己，无法系统梳理和呈现自身工作规划；对人，无法体现同级部门的管理协同与配合。

为什么去年的人力资源年度规划无法达成？人资规划与公司战略结合不紧密；人资规划制定简单随意不系统；责任主体不明确，横向部门配合困难；绩效指标和目标设置不合理，考核内容难以量化；人资规划的目标缺乏过程控制，缺乏对员工能力的改善，辅导与提高。如何编制人资年度规划，我们直接进入实操环节。

14.1.1　人资工作现状数据化

人资现状分析其实是一次全面的盘点和统计，尽量用数字说话，避免太多的文字描述。简单而言，就是大数据！离职如此，招聘、培训、员工关系、绩效等更是如此。我们完全可以通过大数据对人资工作有一个客观的评价。

值得一提的是，除了直观数据外，一些指标需要计算得出，如劳动分配率、人事费用率、人均人工成本、人工成本产出系数、人工成本销售收入系数、人工成本含量、人工成本工资含量、全员劳动生产率等。

这些指标，不仅是简单的计算，更重要的是，找出同行业的指标参考值，确定本企业所在的位置，让每一个指标都能体现出本身的意义。这也是人资工作的价值体现！

在此特别提醒，我们在做人资年度分析或总结时，特别喜欢工作量统计：电话邀约量，面试量，入职人数；培训场次及内容；离职人数及原因，部门占比……

这样做没错，但远远不够。招聘的转化率是多少，哪个环节需要提高；培训的目的是什么，改善了多少；离职对公司造成的直接或间接损失有多少……我相信，老板更喜欢看这类数据。

14.1.2　明确公司战略目标

近期目标：2017 年营收 13 亿（工程部：8 亿人民币；贸易部：5 亿人民币）；财务公司 600 万利润。

这是一个很清晰的战略目标，作为人资，我们要考虑如何分解公司战略目标，确保战略目标的落地和实现。

既然说到战略目标，顺带提一下制定年度经营计划的程序和方法。一般可分为六个步骤：

- 高层运用战略地图研讨公司年度战略目标；

- 各部门依据公司年度战略目标和部门关键职能上报本部门年度发展计划；
- 分析各部门与战略目标的相关性；
- 召开年度绩效计划大会，明确公司战略指标目标分析；部门相关性分析；确定责任部门；确定配合部门和配合事项；部门年度战略发展目标分析；
- 制定部门年度战略目标业务保障计划；
- 制定本部门年度绩效考核表；签订年度绩效合约。

只有制定出切实可行的企业战略，人资年度规划才有据可依，否则，只能是为了规划而规划，最后不了了之。

14.1.3　组织架构分析与完善

随着市场大环境的影响，企业的战略目标也会有所调整，这很大程度上影响到人资的年度规划。

如果已经做好部门相关性分析等工作，我们下一步必须考虑，什么样的组织架构才能更好地匹配企业战略。

组织架构的设置必须遵循战略导向的原则。如今年的重心是提高运作效率、充分授权、减少责任重叠、增加管理幅度。那我们的思路肯定是组织扁平化。如何组织扁平化，则成为人资的年度规划目标，怎样做，是分解过程。

很多时候，年度战略目标与老板的意图会出现矛盾。如从年度战略目标看，应该是减员增效，但老板却提出人才梯队建设问题。

受经济大环境影响，有段时间，公司提倡减员增效。如何用三个人干四个人的活支付两个人的薪酬，是大家津津乐道的话题。这样做的后果，人员排班总是拆东墙补西墙，稍微有人离职或休假，其他人就无法正常休息……这种状况下，谈什么人才梯队建设？

人资规划的思路必须分清主次，以点破面。如减员增效是主，组织架构肯定紧紧围绕这个主题，至于人才梯队建设，找出一两个岗位做试点就好。

组织架构调整对人力资源管理冲击很大。这是一个连锁反应，一旦调了部门架构，就必须调整岗位，重新进行人岗匹配及相关的人事任命；这样一来组织内部人员的岗位职责会重新发生变动，对应的岗位成员薪酬、业绩考核全部都要重新调整。

管理是个体系，组织设计是体系的源头。组织架构调整对医院经营管理活动冲击很大，财务管理、各种预算、营销管理、各种营销战略、策略、规划全部受到影响，因此，必须慎重。

14.1.4　岗位编制与需求预测

企业战略目标、组织架构、岗位编制与需求，是一脉相承的。如何做年度岗位编制与需求，在此不再赘述，但无需置疑，必须将人资与生产、销售、财务等结合起来，我们才能真正做好人资年度招聘计划。

在做好岗位编制与需求的基础上，我们才能做人工成本费用预算，真正地控制人工成本，而不是被用人部门左右。

有了人工费用预算，我们才能每月进行预算执行，做好人资成本费用分析。HR 总是抱怨无法摆脱事务性工作。通过深挖事务性工作，为领导提供决策性数据，是一个不错的途径。

14.1.5　将人资年度规划分解落实

再好的人资规划，如果不能分解，无法落实，甚至确定不了责任人与完成时间，有什么意义？

这时候，我们可以制定行动计划表，然后再制定月度绩效管理与周计划管理……这样做的目的，主要是明确工作重点和目标，让责权利相匹配，达到提高效率、保证执行力的目的。

人资年度规划，听上去是一个大工程，其实只要掌握正确的流程和方法，结合公司战略目标和老板的关注点，突出计划性和目标性，重视效率、执行力、人员评价和绩效改进，一定能制定出符合企业战略的人资规划。

14.2　一个空降 HRD 的工作计划

说到 HR，外界总是众说纷纭，有的人觉得我们掌管着企业员工的生杀大权，比如入职离职、薪酬绩效，好生羡慕；也有人觉得我们就是服务业务部门，什么杂事都做，还整天想搞事情，嗤之以鼻。那么，对于我们 HR 自己而言，真实的情况究竟是怎么样呢？恐怕其中的酸甜苦辣，也只有我们自己知道。很多人经常问，HR 每天都在干些啥？作为空降的 HRD(HRM) 你是如何安排工作的？

工作计划对于空降兵尤其重要！刚到新公司，急需一份工作计划，明确方向，纠正偏差，同时作为与上级统一思想的渠道，保证人资与公司战略目标一致。

我将目前人力资源管理工作分为四个方面：基础性工作、例行性工作、战略性工作、开拓性工作。然后从这四个方面梳理计划，相对稳妥，不至于有大的遗漏。

14.2.1　从工作内容确定计划大纲

基础性工作的核心为制定规章制度和工作流程。目前公司人资基本非常薄弱，需要加强制度与流程建设。这块必须放在计划首位，列出将拟定的制度目录，结合目前现状、集团要求以及公司战略发展，按时间节点及时完成，并按合法流程进行公示，最终起到控制风险、规范管理的作用。

这项工作将结合岗位说明书，进行工作分析，从人事部入手，将例行性工作按照日、周、月、季、年的模式确定时间节点及工作量，做好时间安排，确保例行性工作及时完成，尤其是一些对时间节点要求比较明确的，如集团资料提报、劳动合同签订及续订、社保缴纳、考勤统计、工资发放等。

战略性工作，对人力资源现状分析诊断。HR 必须为企业决策者及时提供各种有价值的信息，支持企业战略目标的形成并为目标的实现制定具休的行动计划；这项工作将随着薪酬绩效的修订全面展开。

目前正在熟悉原绩效制度以及各科室业务特点，争取在现有绩效考核制度基础上，使绩效评价体系更加完善，从而提高绩效考核的激励性、有效性。

开拓性工作，强调人力资源管理要为企业提供增值服务。HR 在事务性工作之外，必须将重心放在战略性与增值上，为直接创造价值的部门提供达成目标的条件，提高员工效率和组织效率，加大费用管控力度，降低人工管理成本。

这项工作将结合企业战略与人力资源战略重点思考如何创建良好的工作氛围、做好员工职业生涯规划、设计符合企业实际情况的薪酬体系与激励机制，并特别关注企业人力资源的深入开发。

14.2.2　从四个层次到三个阶段

从以上对公司人力资源管理工作的认知出发，我将围绕人力资源管理的四个层次，从三个阶段来开展工作，具体计划如下：

1．为维持目前的日常运作，做好事务性工作。

目前人资工作主要集中在招聘、培训与基础制度建设。

招聘方面，一是规范招聘流程，明确不同招聘阶段的侧重点，二是加大人才储备量，建立电子人才库，三是增加人才测评，完善招聘评估。

培训方面，一是建立培训相关制度、流程与表格，二是进行培训需求调研，完全需求统计，制定下半年培训计划；三是确定培训课程、培训形式与培训预算。基础制度建设，按照集团的要求，重点放在考勤休假、招聘、培训、用工方面。

做好人员流动率的控制与劳资关系、纠纷的预见与处理。既保障员工合法权益，又维护公司的形象和根本利益。

2．近期需改善的工作

在公司战略规范的基础上，制定人力资源规划。目前公司正处于与集团的磨合期，人资基础相对薄弱，在基本人事政策、招聘体系建设、组织架构、部门职能、岗位说明书、绩效考核体系、薪酬体系等模块的工作，都需要不断完善。

规划本部门工作职能、人员分工、人力配置；重新统一部署部门工作，将工作计划分工落实，提升人力资源从业人员专业技能和业务素质；提高部门工作质量要求；圆满完成本部门年度目标。

3．中长期需改善和开拓的工作

围绕公司的战略，重点放在招聘资源与渠道建设、员工职业规划、能力素质模型、晋升体系、培训与开发规划等体系的工作计划。这些工作是在做好第二步工作的基础上，进一步提升人力资源管理水平的一些内容，可以放在中长期工作计划中。

14.2.3 具体工作的计划模板

以组织架构和日常工作计划为例。

1．完善组织架构

（1）目标概述

根据公司的发展速度及集团需要，配合公司进行各系统和各部门组织架构的调整及人员的优化，争取做到组织架构的科学适用，保证公司的运营在既有的组织架构中运行良好、管理规范、不断发展。

（2）具体实施方案

在了解实际情况的基础上，完成公司组织架构图及各部门组织架构图、公司人员编制方案，报请审阅修改。（如果先调研，其实很多人并提不出多少有价值的建议，不如自己做好方案，让相关领导修改）

（3）目标实施需支持与配合的事项和部门：

需各职能部门完成本部门组织架构的制订与人员的定岗定编，人事部调阅公司现有各部门职务说明书；组织架构草案出台后必须经最终裁定。

2．日常工作计划

我们人资部门的月工作计划，分为三部分：公司的年度战略计划；公司的月度战略计划；人资的月计划。

人资月计划的制定，部门内部每个员工拿出自己的月计划，加上上月未完成事项，以及人资负责人对某个模块的临时要求，形成初步的部门月计划。

负责人会拿着月计划，参加公司的月度会议，如果各部门有需要人资配合的事项，会列入月度计划，同时领导也会对人资提一些要求，最终形成确定的人资部门月计划。这个计划中会标明重点工作，是本月必须完成的工作！

这个在会议中形成的工作计划，会再次分解到部门每个人，最终形成每个人的工作计划，同样，每个人的工作计划也会标明重点工作的。

当然，工作计划的几个要素肯定是有的，如工作内容、工作完成界定、完成时间节点、奖惩、未完成的原因、解决措施等。

其实我们的计划，已经在岗位说明书上体现的很清楚了，以财务经理为例，除了具体的岗位职责之外，我们还有关键工作明细，并且明确权重以及耗时长短。

再往下看，我们会看到日、周、月、年的工作内容及时间节点，并且有明确的标准要求。这样的岗位说明书，其实更像一份工作计划，或者说工作指导书更确切，你可以明确每天要做哪些事，具体时间节点是什么时候。如果是新入职的员工，我们会有一份每天做什么，每周做什么，每月做什么的岗位说明书，不至于新员工无所适从。

14.3　不懂经营，你可能开的只是一个假会议

我们是一家一百多人的制造型企业，我是公司综合办公室的人事企管人员，直接上级为综合办公室主任。每个季度公司都会召开部门经营会议，以前的流程都是总经理先说一下季度完成数据和目标，然后让大家总结问题，导致的结果就是所有的管理层都在相互推诿问题，结果就是一团糟，总经理也不方便在会上重点批评谁。所以这次半年经营会议，总经理希望由我们来组织引导会议，改善以前的光开会不解决问题的情况。对于相互推诿责任的管理层，该如何组织有价值的经营会议？

经营分析会，其实是企业年度目标落地的助推器，因此经营分析会的思路很重要，除了使参会人员明确方向、理清思路、找到差距、拿出应对

措施、达到预期目的之外，更重要的是如何将企业年度目标、部门年度目标、个人年度目标有机结合，了解每一个过程指标的完成情况，清晰地认识到企业、部门、个人目前所处的位置。

如果抱着开会的心态参加经营分析会，这个会究竟成为什么样子，谁也无法预料。如果经营会议开完了，参会人员没有应有的触动和明晰的应对措施，那么，这无疑是一个失败的会议。

14.3.1 经营分析会的内涵与外延

既然是经营分析会，必然要对前一阶段的执行结果进行系统分析，对未来经营做出科学判断和定位，并以此指导和推动下一阶段的工作。这个工作谁做最合适？自然是运营总监，而不是总经理。运营总监习惯通过数据分析各个环节的进展情况，从而找出下一步的突破口，而总经理更注重结果和目标。因此，经营会的主导者一定要选对，否则会议很容易变味。

对于经营分析会议，首要考虑的是会议所要达到的目的，也就是为什么要开这个会。

我认为会议组织管理只是形，不必太过渲染，但作用还是有的。开会的流程与纪律，保障会议的严谨性；会后的追踪，确保会议决议的落实。否则，开会没有质量或压力，会后自然没有动力。

会议的明线，即议题必须明确。作为企业经营，每个季度的侧重点不会完全相同，不同周期的经营分析会有着不同的目的和定位。议题的确定，不仅考验着决策者的分析决策水平，也决定着经营分析会的质量水平。

经营会不必面面俱到，重点明确才是王道。如果经营分析会只是财务分析、运营分析与目标任务，而对下一阶段的竞争态势变化、工作配合和资源调整缺乏全局考虑，没有详尽的工作调整和改进措施，只是一味加大力度要结果，这个经营分析会的质量就会大打折扣，其会后的执行结果也就可想而知。

经营分析不是简单的数据分析，更应关注存在问题及如何有效解决。经营分析不是为了分析而分析，而是为了更好地经营去分析，因此，经营分析会仅局限于对既成报表的数字对比分析是远远不够的。数字背后的原因是什么、如何解决这些问题，这些问题才是开经营分析会的价值所在。

经营分析报告，很多人形式比内容更用心。如果我们的分析报告想运用很多的数字进行各种有效无效的比较，而不去深究数字背后所存在的潜在规律和深藏着的问题，那么，这些分析报告就有可能违背了数字分析的初衷。即使是分析方向大的方面相近，那么，深究其问题的根源，就会找到不同于以往的症结。如果每次分析都是在原地转圈，每次措施都是上一次分析的翻版，那么，这就失去了召开经营分析会的真正意义。

召开经营分析会，虽然讲到的是经营分析，但会议更多地是体现管理的思维和策略。我们在召开经营分析会的时候，也不能仅就经营分析经营，而应当考虑通过经营也分析一下我们的管理是否得当，跨部门沟通是否到位。经营与管理始终是密不可分。

经营分析会上，表面上看是通过经营分析调整经营措施，而实质上更多地表现于通过管理思维调整管理行为。因此，说起管理就不能简单地抛开经营说管理，也不能只谈业务经营而忽视围绕业务正常运转的各方面管理。

经营分析会是上下级就经营问题进行相互了解、相互沟通、统一思想、提高认识的交流会，不是简单的对下级的批评会，也不是简单的任务再分配。在经营会中，如何处理个性与共性问题，是不得不面对的事情。

可能有人已经失去耐心了，我想要的是如何开好经营分析会，而不是经营分析会的内涵与外延。其实，如果对经营分析会缺乏本质意义上的了解，你开的只是一个会，而不是经营分析会。何况你只是综合办公室的人事企管专员，而非运营总监，只有在了解经营的重点与难点之后，才能设计出更合适的会议流程。

14.3.2　经营分析会的“形”必须到位

既然是半年度经营会，尽量不要开成周例会那样静悄悄的毫无存在感。如果条件允许，可以扯个横幅，摆上参会牌，拍几张宣传照，写个微信软文，能让参会者或员工眼前一亮就是成功。

接着前面的仪式感来谈，你做了自己能做的，剩下的就是参与者要做的，如仪容仪表，必须穿工装、佩戴工牌之类的，显得更正式一些。当然，按时参会、按模板提交部门经营分析表、按要求发言也是必须明确的事。

这时候可以适当的借鉴下九段秘书，明确传达界定，确保参会率，以及各种参会资料的收集整理。

如果一场经营分析会陷入纯数据分析，或歌功颂德的套路，是相当可怕的一件事，因此，必须用模板规范起来。

模板其实可以分为三个部分：第一部分，公司经营战略重点，这个不仅半年度适用，月度同样适用，让每一位参会都了解公司战略重点；第二部分，公司半年度战略完成要点及各部门完成要点；第三部分，各部门的经营目标完成情况及下季度计划，这部分都是具体的事件与数据，是否完成一目了然。未达成的目标准备采取什么措施，什么节点，都必须明确。

即使具体到一个部门的汇报，仍然按工作内容规范具体模板，将核心工作、例行工作、协助工作等区分清楚。以前是总经理来讲，大家听，现在是一个部门讲，所有人质询！

14.3.3 经营分析会的重点在于质询

经营分析会的质询，必须聚集公司战略，重点不偏、结果不少。质询应当控制时长，每个部门质询过程，标准时间，应当在 10 ～ 15 分钟。

经营结果的质询通过率应当在 80% 以上；经营计划返回修改率少于 20%；经营分析会上确定的改进措施，定义为下半年计划。

谈到质询的话术，其实也是为了控制时长。话术可以根据公司的氛围及经营分析会的需求来制定，如部门下半年的战略要点是什么；我下半年的计划结果有几个；我的重点工作是什么；我的客户价值措施是什么……

谁来质询，一般规范的企业会有 coo 来承担这项工作，当然，也可由经营负责人，或办公室主任来负责。

如何质询？把握以下要点就好。如对原因不清楚的 ---- 问清原因！对结果不太相信的—要求提供事实与数据！对部门之间配合的—统一安排，各自承诺！对不知措施如何的—告诉原则与方法，提供资源！

质询不仅是一种管理方式，更是绩效数据最值得信赖的来源，与绩效挂钩，与奖罚联系，纳入积分榜，经营会不再孤孤单单。

14.3.4　具备应对突发事件的能力

经营分析会，出现扯皮的事情很正常。你说销售部没完成任务，销售部说企业策划的活动效果不好，策划部说客服的邀约不给力……

遥想当年，我们的经营会也出现了扯皮现象：总经理质询康复运营的业绩不达标；康复运营当场指责康复中心没有完成任务；康复中心主任立即质问，我们就是操作部门，来一个做一个，没人我怎么完成，是不是我也把任务压给底下员工？

我正看得来劲，总经理突然点名，这事你怎么看？不得不说几句吧。康复中心的工作很辛苦，几乎完全手工操作，从数据上看，客户对康复中心的服务态度、技术手法都非常满意，以老带新也初见成效。但从消费项目来看，还是老产品居多，这说明康复的推荐还有很大提升的空间。从数据我们可以看出，上半年度的累计人次与去年同期相比几乎没多少变化，单体消费甚至出现了退步现象，这和运营有直接关系，如何将各种宣传渠道有效的利用起来，扩大入口，提高认可度，是当前必须面对的问题。

我想，这应该是总经理想要的答案吧，至少他可以接着往下延伸。果然，总经理谈到了活动的影响、体验客户的转化比例等关联内容，我也顺利过关。

14.3.5　会议的决议及跟踪落地必须到位

经营分析会，总经理会时不时地安排工作，如这件事必须在 15 天内给出结果；加大入口，运营必须一周内拿出方案；新产品的营销力度必须继续加大……

很多工作安排，要素都是缺失的，要么没负责人，要么缺完成节点，更不要说奖励与处罚了。这种状况，导致一些问题被自动规避，只留下一些不关痛痒的决定。

因此，经营分析会的会议决议及跟踪表必不可少，对于要素缺失项，找总经理进行核实，然后下发给每一位参会者。至于跟踪落地，首先要做的是抽查参会者对会议精神的传达，然后才是方案的提交或结果的呈现。

会议决议及跟踪不仅仅是一系列的数字表格，而应对实现目标的经营举措制定计划，并落实到人，这样才能保证经营计划的非随意性，以及经营的主动性，使部门和员工形成承诺、结果、奖惩的自我提高机制。

14.4 离职员工的显性与隐形成本

每年这个时候是各个公司人员流动的旺季，招聘到合适的人才越来越难了，但离职却像打开的水龙头。谁都知道留住人才是解决这一系列问题的最好办法，但关键是留不住人！其实，我们公司从来没有仔细盘算过怎么降低员工流失率，更没办法衡量员工流失之后带来的影响，一直是笔糊涂账。因此，我想了解员工的离职成本有哪些？

很多企业，离职与招聘频繁交替，导致人资疲于应付。造成这种状态的因素有很多：行业特点、企业发展阶段、劳动力市场供需状况、对员工离职的认知仅停留在显性成本……

14.4.1 各种成本的联系与区别

谈隐性成本，不能忽视显性成本，如同谈直接成本离不开间接成本，谈机会成本离不开沉没成本一样。

从财务角度讲，显性成本是指计入账内、看得见的实际支出，如支付的代通知金，替代费用，安置成本等，是有形的成本。

相对显性成本，隐性成本是一种隐藏于企业总成本之中、游离于财务审计监督之外的成本。

通俗来讲，这种隐性成本由于企业或员工的行为而有意或者无意造成的具有一定隐蔽性的将来成本和转移成本，是成本的将来时态和转嫁的成本形态的总和，如政策失灵、效率低下等。

员工离职成本包括显性成本与隐性成本两方面。其实，显性成本里可以细分为直接成本和间接成本；隐性成本里也包含有机会成本和沉没成本。为了便于分析，我们假设员工离职包含了自离及辞退等情况。

14.4.2　离职的显性成本

我们对显性成本的印象相对直接，显性成本主要包括以下几点：

1．代通知金等

如属无过失性辞退，企业应提前一个月通知员工本人。如果没有提前一个月通知，企业要赔偿该员工一个月的代通知金。其他的如经济补偿金、赔偿金等，都属于直接成本范畴。

2．替代费用

为避免工作出现断层，企业必须提前准备替代员工，同时也会产生替代费用。因此，同一岗位的离职与招聘，不一定是越早越好，否则会造成人工成本浪费，这里主要强调的是离职与新入员工的重叠期成本。

3．面谈成本

离职面谈，绝对不是免费的。大一些的企业会有专门的人负责，当然是固定的开支。面谈人员的时间成本，专业谈话间的租金等支出，构成了员工离职的沟通成本。

4．离职前的培训或证据搜集

员工如果因能力不足不能胜任工作，需要培训，培训后不胜任的，离职。搜集员工不胜任的证据，需要人员配合，需要额外的时间，也是一笔不小的管理费用。

5．人员补充成本

如果员工很稳定，招聘成本将大大缩减。人员离职，在补充时，除了招聘成本，还有路费、体检费、培训费、各种入职手续耗时等成本。

6．其他

其他可以计量、入账的成本，包括员工离职纠纷时预防与处理的法律咨询与服务费用离职员工不履行契约带来的风险损失等。

14.4.3 离职的隐性成本

隐性成本往往被企业忽视，其实相比而言，危害更高。隐性成本主要包括以下几点：

1．员工离职前后的低效率成本

新员工入职时，卯足了劲地表现，希望赢得认可。而离职时，因为无欲无求，加上要为以后打算，自然身在曹营心在汉。

具体表现为：工作能推则推，甚至错误不断，迟到早退甚至缺勤屡见不鲜……效率自然可想而知。这种成本损耗，虽不能量化，却实实在在的存在。

2．对其他员工的负影响

离职时最能看出一个人的本质。有些人，平时对企业不满，但隐藏很深，即使做了不利于企业的事，也很难被发现。而离职时，则毫无顾忌，整天向同事甚至客户抱怨企业，影响非常恶劣。

还有另一种情况，准离职员工会有意识地在老员工面前夸大下份工作的薪资待遇，甚至直接挖人，组团离职……这些负能量的传播，对团队配合、工作效率、总成本等都有很大影响。

3．员工正能量流失带来的影响

离职，很多时候走的并不是最差的人，而是最有能力的人。这种劣币驱逐良币的现象值得警惕。

一些有担当的员工流失，会让现有员工失去主心骨、迷茫、消极……最终影响工作效率和团队稳定性。

4．职位空缺及新员工试用期的成本影响

有些职位空缺影响不大，但有些则不同，如厨师岗位，突然空缺甚至影响到员工餐。试想下，如果员工不能按时吃上饭，如何安心工作？

试用期的影响比较好理解，再优秀的人，都有磨合期，技术熟练程度，团队配合意识等，都有很大影响。技术不熟练，不仅效率低下，影响客户满意度低，还会造成安全隐患，甚至加剧又一轮离职。

5. 技术、商业机密、客户流失带来的风险

一些岗位，如技术人员、营销人员，在企业属于核心岗位，他们的离职，意味着技术或客户的流失。

这种现象在小企业尤为明显，很多技术岗位因人而异，人走则意味着技术流失，至于客户，更是如此，不是冲着企业平台而来，完全是员工的人脉。

6. 弱化企业形象、品牌影响力

离职前的抱怨，新员工技术不熟练，效率低下，士气低落，核心员工流失等状况，都会造成客户品质体验的折扣，影响满意度，最终造成企业的形象与品牌塑造。难怪很多企业都开始注重无形资产的价值。

当然，我们也不要因噎废食，因员工离职成本而过度维稳。很多时候，离职员工出现的问题，老员工也几乎都存在，适当的流动性，反而能产生鲶鱼效应，让员工居安思危，激发出更大的潜能。

14.5 心理学识人的故事

现在专家学者有关心理学的研究理论层出不穷，如色彩心理学、九型人格、笔迹心理学、甚至于刑侦里的画像，微表情等行为主义心理学，都受到广大爱好者的追捧，生活中很多人也热衷于网站上的小测试、星座血型。作为 HR，你觉得哪些心理学知识对工作帮助很大？实际工作中如何运用这些心理学知识？

讨论心理学对 HR 的帮助之前，按照逻辑思维，我们是不是应该先认识心理学？通过度娘，我们脑海里有了这些概念，如人类认识自我的局限性、自我中心的判断倾向、经验 & 直觉的认知方式等。

作为 HR，对心理学有了大概的轮廓之后，我们可以考虑心理学与人资管理在哪些方面能够融合，如心理学与选人、心理学与用人、心理学与留人、心理学与执行力……然后，我们是不是再进一步细化，如何应用，起到了什么效果，利弊是什么？

14.5.1 识人，先跳出思维定势

通过心理学的考试好几年，证书一直懒得去领，前几天考试中心主动邮寄了过来，成绩实在没什么可晒的，都是勉强过关。后面才是重点……

人资小姑娘代付的邮费，这人情可不能欠，结果我的红包被拒收。

遇红包必抢，见红包必点，几乎成为当代社会的现实写照。同事 AA 制聚餐、代付邮费等，发个红包，皆大欢喜，这已经成为很多人的习惯行为……只是这种定势，有时候很容易束缚我们的思维。

红包被拒，或许我们会想，小姑娘怎么回事，这么不懂人情世故；或者我们因此怀疑人生，是不是我哪里有问题，红包都发不出去……这是心理定势效应带给我们的困惑。按照日常的经验，没人会拒绝红包。从这个心理定势去推想，自然产生误解。

还好我及时跳出思维定势的模式，就事论事客观分析（这时候心理学的优势凸显，自我调整能力非同一般啊）。摆脱了心理定势的限制，正确原因自然浮出水面。不要以为穷人一定吝啬，大款都挥金如土，其实真正舍得的人与财富无关，取决于性格。拿人手短吃人嘴软，不收红包，我总想着从其他方面给予补偿，如请部门聚餐、送多肉植物等，这样一来二去，同事关系越相处越融洽。

有时候，失即是得。

14.5.2 心理定势的 A 面 B 面

这是发生在我身边的真人真事，从这个真实的故事中，我们可以看到心理定势具有两方面的作用。

积极的一面在于，定势效应能使人在客观事物、环境相对不变的情况下，对人和事物知觉的更迅速、更有效。招聘专员能一眼辨认出应聘者当

前状态的真伪，从蛛丝马迹中看到冰山下的具体情况，也是定势效应的积极作用。

另一方面，定势效应也能产生消极作用。客观事物千差万别，情况又总在不断变化，因此仅仅凭借已有的经验、知识、认识去认知新的事物，又往往容易使人在认识上出现偏差。思维定势遇到面霸，很容易遭遇滑铁卢。

在学习、工作和生活中，我们应该有意识地克服思维定势，使思维更开阔，用更科学的方法，更真实的数据说话，而不是单纯相信自己的直觉。

14.5.3 对空降兵而言，心理定势是把双刃剑

刚进入新公司，最主要的工作是了解，不仅了解业务状况，更要了解身边每一个人的秉性。每天看到很多不同的陌生脸孔，这时我们常会不自觉地按其年龄、性别、职业、发型等特性进行归类，并根据已有的关于这类人的固有印象，作为判断其个性的依据。

这种状况，在心理学上称之为“刻板印象”。

作为一枚空降兵，我也不例外，我会从自己的认知出发，给每一个接触的人打上标签，做到有效读心，快速识人。发型传统，穿着古板，不苟言笑，应该敏感而多疑，最好不要轻易招惹；眼神凌厉、唇角用力过猛，肯定比较强势，尽量避免针锋相对；说话干脆利索，喜欢用手势，是不是比较直接……

入职初期，新公司所有人几乎都在我的观察范围内，只是用思维定势做出的判断，准确性到底有多高？穿着古板，不苟言笑，是否敏感多疑；线条刚猛一定强势；说话直，是不是性格也直……显然，这些是无法划等号的。一个人对另一个人某一个方面的印象决定了他的行为，而看不准对方的真实品质，形成一种好的或坏的“成见”，即以点概面效应。

尤其当第三方也给出与自己初步印象相符的建议时（某某业务能力很强，就是比较敏感多疑），会进一步加剧定势效应的范围。这时我们不得不多问几个为什么：为什么他告诉我这些；他的出发点是什么；他希望我

做什么；他能得到什么；会损害哪些人的利益……

在想清楚以上问题后，我们看问题会更客观，而不是受到定势效应的影响。敏感多疑与严谨自律的区别到底在哪里？很多时候，我们会受到一定的心理暗示，不知不觉把陌生人看成自己的假想敌，得出的结果自然是片面的。

14.5.4 识人，在特点的环境与冲突中

在秦代古籍《吕氏春秋》中，记载了一种“六验读心识人法”，实际上是通过看人在不同的情绪中的行为表现，来达到识人的目的，可以称之为“情绪读心识人法”。

仅靠外型必然陷入以点概面的误区，有时候，我会将重点放到特点的环境和冲突中，去判断一个人。如会议上的激烈冲突，投诉的纠纷处理等场景，更能看到一个人在不同情绪中的真实表现。

其实在工作中，除了外型与情绪，我们更常用的是通过习惯识人。一个人的“兴趣”和“习惯”有吸收不满足欲望的功能。心理学上将这种烦恼与不安，靠其他行为予以消除的现象，称之为补偿行为。

我们常说，想知道一个人内心缺少什么，不看别的，就看其炫耀什么；想知道一个人的自卑什么，不看别的，就其掩饰什么，也是心理学中常见的应用。

其他推荐人

长期以来，我们一直在寻找一种跨界的思路和方法来对企业组织能力、人员能力进行提升，以便应对多变的竞争格局。这本书恰好能够满足我们对实务性操作的需要。本书结合实际案例，从理论到方法进行全面论述，对中国很多快速成长的企业非常有价值，推荐一读！

赵颖，三金汉合商务管理有限公司总裁助理兼人力总监

达尔文说物竞天择，适者生存，孙子说兵者，诡道也！本书通过对各种人资角色的定位与剖析，提供实战管理的思路，帮读者找到技高者雄、剩者为王的策略与方向！告诉读者，生活可以有诗，管理也能看到远方！

徐胜华，管理咨询公司合伙人，职场小说《为什么选你做 HR 经理》作者

身在职场，相信很多人会有这样的苦恼：不乏专业能力，又善于学习，工作也很拼……职场之路却依然走得艰难。我想，这些困惑，你都可以在这本书中找到想要的答案，拓展思维和眼界，把握人资管理的核心，成就自我。

李志鹏，金川集团股份有限公司人力资源业务主管

纷繁人生，需要不断学习、感悟、实践，人资管理尤其如此。任何教科书都很难完全描绘出管理的运行轨迹，但这本书翔实的案例、风趣的辨析、跨界的融合，一定会给你带来不同寻常的借鉴与启迪。

程怀磊，润邦服务外包有限公司人力资源外包事业部运营总监

本书作者将职场之道与专业知识的运用相结合，教 HR 如何沟通管理，同时体现自己的价值，用管理艺术将生硬的专业知识进行柔性处理。本书实用性强，非常值得 HR 收藏且时时翻阅。

齐涛，《Excel 人力资源管理实操从入门到精通》作者

有人在职场如履薄冰，有人却可以闲庭信步，运筹帷幄的诀窍就在这本书里。本书从自我认知、能力提升、关系维护、职业技巧等各方面 360° 剖析职场，案例清晰、主题鲜明、职场新手可以未雨绸缪，职场老人亦会醍醐灌顶。

翟淑省，隆基泰和控股集团分公司人资行政经理

职场似乎是一场不问归期的修行，有人来，有人走，铁打的营盘流水的兵。这一天，你来了，或许风平浪静，某一天，你听见，波涛汹涌，又一天，你离开，云淡风轻。人人都想活的主动，事事都想做的从容。职场不同情弱者，不庇护懒惰，不袒护失意者，也不会包容任性。职场之路漫漫，如何求索，本书都将呈现颇具情商的答案。

仲丹，上市集团公司专家

做人资有不少是半路出家的，这些半路出家的很少有能做出一些成绩的，而在这些为数不多、能做出点成绩的人里，我最佩服的就是本书的作者——曹锋。读完本书，最大的感受是满满的干货，涵盖人资的各个模块；日常管理中常见的问题都有明确的、可落地的解决方案。非常实用！三茅老兔子向所有人资从业者郑重推荐！！必读好书！！

孔祥璐，某教育集团 HRD、三茅人力资源网专栏作家

人从出生那一刻开始，就注定某些方面早已存在差距，我们无法控制上天给了我们什么样的体魄，但是我们依然有条件创造外在的修养和素质，这个创造可能需要寻找一本好书，又或许在你事业低谷期遇到那么一个指引你方向的人，为了这个创造，我们必须开始去寻找，寻找这本书的作者，寻找那个可以指引你一路前行的人，好书值得一生相伴！

海儿，江苏穿越汽车公司 HRD

很多时候，我们还在为是否正确选择 HR 这个职业纠结，还在为如何体现自己职业价值困惑，还在为职业生涯规划迷茫，等等。这些纠结、困惑与迷茫，都能在这本书中找到想要的答案。职场即道场，处处有修炼，透过书中的案例解析、处事思维、管理心得，值得我们去深思开悟，引以为鉴，修炼提升。

李同杰，山东海伦文化传媒有限公司人力资源经理

专业知识只是相对固定的理论和工具，人力资源工作者作为一个充分与各类人群、各个职能打交道的人，其实我们更需要面对复杂情势、环境做出决策、行动的工作智慧。曹老师以洗练的实践经验全面展示如何在工作中游刃有余。这是一本无论是否从事人力资源工作，都非常需要的一本好书。

徐宁，高级经济师

如果我们的 HR 人生用三个阶段来划分，那么可以简单分为：为“物”奋斗（房子、车子、票子……），为“人”而战（家人、朋友、同事……），为“己”而活（梦想、价值、快乐……），本书一开始从管理者关注的“职场与沟通”出发，落地到“个人与省思”；从 HR 小白通常会忽略的“总结与经验”出发，落地到“融入与升华”；从职场中最经常遇到的“杂事与晋升”出发，落地到“思维及技能”。我想不管你是为“物”奋斗的阶段，还是为“人”而战的途中，都能够在本书中寻找到属于你的方向。

罗书明，福建匹克集团有限公司 & 福建泉州匹克体育用品有限公司绩效薪酬经理

所谓师者：传道、授业、解惑也。得一良师益友，犹如灯塔指引航向。本书作者通过亲身经历，把复杂的职场通过真实案例、将专业与实操揉和在一起娓娓道来，仿佛与老朋友面对面的交谈，推心置腹，获益良多。此书可以作为 HR 手边实用的书籍，常省自身、时刻修正方向。

黄金笛，云南恒兴电力工程有限公司人力资源负责人

哪个HR不想做老板眼中非常专业的那位？上至战略规划，下至考勤打卡，都付诸不少心血。但由于知识与经验所限，环境和氛围所限，虽劳心劳力，却未必都能做到自己有底气、老板没脾气、同事很服气。初涉职场或是遭遇瓶颈的HR，如同流落到孤岛的鲁滨逊，读完这本书，将让您拥有一艘囊括财务、销售、运营、心理学等知识的“航空母舰”，畅通无忧的驰骋在职场的海洋中。

方平，江苏共昌轧辊股份有限公司 HRD

初入职场易迷茫，久在职场会疲惫。每位职场人都有过这样的渴望“假如能有一位时时指导、提携、点醒自己的职场导师该有多好”，而大多数人都会失望。喜逢本书问世，恰如一盏职场指路明灯，照亮的不只是你我职场前路，更能温暖身心。

张振伟，阳光教育集团 HRD，资深课程开发设计师